「日本」とはなにか

文明の時間と文化の時間

米山俊直

Liberal Arts
Publishing
House

人文書館

カバー写真
「御室桜と五重塔」
仁和寺(旧御室御所)

［撮影:水野克比古］

「日本」とはなにか

文明の時間と文化の時間

「はしがき」に代えて——新しい知の枠組みを求めて

松田素二（京都大学大学院文学研究科教授）

本書の著者である米山俊直先生は、二〇〇六年三月九日に逝去された。享年七五歳だった。したがって、本来、著者が書くべき「はしがき」を執筆することはできなくなってしまった。そこで米山先生の遺品整理のお手伝いをしている私が、「はしがき」のピンチヒッター役をつとめることとなった。多才でかつ豪快なメジャーリーグのクリーンアップの代打を、学生野球の控え選手がするようでたいへん申し訳ない仕儀なのだが、元来、権威や格付けとはほど遠い先生のことなので笑いながら大目に見てくれるはずだ、と信じている。

この本は、米山さん（いつものようにこう呼ばせていただく）が古希を迎えた二〇〇〇年に執筆した草稿をもとにしている。これらの論考は、京都大学を退官後、放送大学を経て兵庫の大手前大学の学長となった米山さんが、女子大から共学へと大学組織の大転換を指揮した多忙な公務のあいまをぬって執筆したものである。学長の行政業務のほかにも、開かれた学長室を標榜して学生たちと自由に語り合ったり、学生と接しないと大学人ではないと言って、授業を喜んで受け持っていた。そのうえに、政府や自治体の各種審議会など多くの集まりにおいてもキーメンバーとしても活躍していた。こうした異常な忙しさに直面しつつあった「古希」の時期にもかかわらず、いや、その時期であったからこそ、米山さんは、これまでの自分の仕事のまとめ（総合）をすることを強く意識していたようだ。

米山俊直さんは、日本に文化人類学を根付かせたパイオニア世代の文化人類学者であり、一九六〇年代からアフリカ社会を研究してきたアフリカニストとして知られているが、米山さんの半世紀近い研究は、大きく時期的に四つに区分できる。まず一九五〇年代後半からの一〇年間は、宮城県栗駒、奈良県二階堂調査など、日本の農村農民研究を文化人類学的視点から再検討しようとした時期であった。一九七〇年代はじめからの一〇数年間は、祇園祭や天神祭、新大阪調査など、祭りを中心とした都市性解明の時期といってよい。こうした日本のむらとまちの調査と併行して、一九六〇年代半ばからはアフリカ調査を開始し、タンザニア、ザイール（現コンゴ民主共和国）、マリ、モロッコなどで精力的なフィールドワークを一九九〇年代にいたるまで継続した。そして一九九〇年代からは、もともと関心のあった文明学へと傾斜して、数多くの著作を世に送り出した。

そして古希を迎えた米山さんが考えたのが、こうした自分の研究史をわかりやすく平易なことばでまとめてみたいということだった。しかしながら、これは、身辺の超多忙さを別にしても、いくつかの意味でなかなかに実現が困難な仕事だった。それは、（日本とアフリカというように）たんにフィールド（対象地域）の違いということに帰因するものではなかった。より根源的な研究思想に関わる難問だったのである。

一つは、対象とするタイムスパンの違いだった。本論のなかでも述べられているように、文化人類学が対象とする文化は、せいぜい一〇〇年単位の発想で認識されるのに対して、後期米山学が傾斜した文明学においては、一〇〇〇年単位の発想が重視される。より単純化して言うなら、文化人類学においては、社会におけるミクロな「今、ここの」の個人的思惑や実践が観察の中心に据えられるのに対して、文明学では、想像を絶するほど長い長い歴史の流れのなかで変動するマクロな構造を問題にするのである。一方は、目の前で日常の暮らしを営む個々人を対象とし、もう一方は、神話世界の社会からの変化を見ようと言うのであるから、それらを「総合する」という作業は、ほとんど無理難題の世界に思われた。

タイムスパンの違いのほかにも、米山さんのまとめの作業にはもう一つの困難もあった。それは、文化人類学に限らず、二〇世紀末から人文社会科学を揺るがす「パラダイム・クライシス」と関係している。「未開社会」の比較社会学あるいは「異文化理解」の学として成立した人類学は、脱植民地化とナショナリズムの奔流を生み出した第二次大戦後の世界のなかで、またたくまに急成長をとげた。お互いの違いを知り、相互に排除したり軽蔑したりすることなく、文化の差異を尊重して相互理解を促進するという新たに登場した世界の道徳倫理と、人類学のパラダイムがぴったり一致したからだった。

しかしながら一九八〇年代後半から、こうしたパラダイムに異議を唱える思潮（ポストモダンとも総称される）が登場するやいなや、以前のパラダイムは傲慢な西洋中心主義、新たな知的支配の意志の表明として激烈な批判の対象となっていった。そこでは実証主義的方法や文化相対主義的思考は「旧態依然」の「遅れた」ものとみなされるようになった。米山さんは、こうした流行の思潮を知ってはいたが、何の共感も示さなかった。実証主義と相対主義が、いかに素朴に、あるいはイデオロギー的に見えようとも、どれほど戦後、社会の「不自由」を軽減する実践的道具であったことについて身をもって実感していたからだ。こうした見解についても、平易な言葉をつかってきちんと意見を伝えたいという思いを抱いていたようだ。

本書は、古希を迎えた米山さんが、こうした困難を意識しながら書き下ろした草稿なのである。それは、「今、ここの」あるいは生活世界の時間（せいぜい一〇〇年）を基盤とした人類学のフィールド的思考と、数千年の時間の経過を想像する文明学的発想とを、人々の生活の営為を機軸にして総合して語るユニークな実験でもあった。そこでは、たとえば人類史における都市性の始源について、自身が調査した東部ザイールの山村の定期市と五五〇〇年前の三内丸山遺跡にみられる生活痕とを重ね合わせながら興味深い想像が導き出される。人類学のフィールドの微細な文化変容と悠久の時代の文明史が混交しながら独特の世界が築き上げられている。

米山さんの書き方（スタイル）は、表面だけを追うと、自分の個人的経験や関係する文献からのインスピレーション、あるいは会議やシンポジウムの舞台裏などのエピソードをもりこみながら、軽妙な座談のような形式でつづくので、軽い読み物のように受け止められる。それは、「アマチュア人類学者」「ジャーナリスト・アンソロポロジスト」というラベルを愛好した米山さんらしい勲章だが、その根っこには、人類学と文明学の総合という新しいパラダイム創造への格闘があったことは確認しておいた方がよいだろう。

それが難題であるだけに、米山さんも古希を過ぎてもこの本をすぐには出版できなかった。とくにポストモダンの人類学批判に対する違和感と「実証主義」や「経験主義」「相対主義」の知的可能性については、結局、平易な言葉でまとめる前に倒れてしまった。こうして残された遺作ともいうべきこの草稿について、公刊すべきかどうか、ご遺族とも長い間話し合った。しかし、米山さんのあとに続く私たちとしては、ぜひその格闘の経過を米山さんの知的遺産として継承し、発展させていくべきだという結論に達したのである。

二一世紀になって、こうしたパラダイムの創造生成と発展は、ますます重要になっているように思われる。米山さんの膨大な著作の最後の一冊となる本書が、そうした営みにとって有意義な役割を果たすことを切望している。

なお草稿時のタイトルは、『都市列島日本』であったが、それ以外の遺稿を含めて編集したため、編集者と相談して現在のタイトルに変更した。

目次

序章　都市列島日本——未来に向かって

始まっていた二一世紀

紀元二千年、紀元二千一年と、世紀が変わった。しかし、地球の様子は変わらない。

地球環境問題はますます深刻さを加えているし、パレスチナとイスラエルの対立も終わっていない。日本は景気回復の望みを託して巨大な国家予算を組んでいるが、低迷状態がつづいている。

二一世紀はどうなるのだろうか、不安と不透明な状況に世界が置かれたままである。

新しい世紀は一九九〇年ころから始まっていたのだ、という見方ができる。

西洋史にはフェルナン・ブローデル（一九〇二〜一九八五）らのいうロング一六世紀という考え方がある。ブローデルは一四五〇年から一六二〇〜四〇年をロング一六世紀と呼んでいる。西暦に一致しない時代を世紀としてくくり、こう呼んでいるのだ。このやり方をまねていえば、もしかすると一九九〇年代はロング二一世紀のはじまりではなかったかと見られるのである。

すべては、一九八九年のベルリンの壁崩壊にはじまった。たまたまこの年は、昭和天皇崩御の年であり、平成という年号のはじまった年でもある。

この世界の動きは、一九九一年のソビエト連邦の消滅によって確実なものになった。

すなわち、米ソ両大国を軸とする自由主義圏と社会主義圏の緊張関係がなくなり、冷戦体制の終焉をつげた。それに連鎖反応をおこしたように、日本の政界の五五年体制―保守・革新の両陣営に別れての対立の図式も終わった。また、さまざまな規制緩和の動きが、四〇年体制と呼ばれた戦時期の統制経済のなかで作られ、戦後も継続されてきた官庁の許認可権益も崩されてきた。省庁改編が、律令制以来の伝統をついだ大蔵省、文部省という呼び名までを財務省、文部科学省と変えてしまった。

変化は制度面だけではない。バブルに狂奔した経済は、一転して不況、不景気におちいり、証券会社、銀行の倒産が金融界の破綻を招き、デパートの倒産など流通業界にも及んだ。リストラの名目で失業者が増えて、失業率は高まり、就職難がフリーターの若者の数をふくらませた。終身雇用、年功序列、企業内組合に支えられてきた〝日本的経営〟もその土台がゆらぎ始めている。大阪市はホームレスを一万人かかえているといわれる。

他方、ＩＴ革命という言葉が首相をはじめとする政府当局から発信されはじめて、これまで情報化とか情報革命といわれてきた事態が本格化しているという認識が広がった。

二〇〇〇年三月に、携帯電話の加入台数が従来の固定電話の加入台数を越えた。欧米ではパソコンとして普及してきたインターネット、ｅメールが、日本などアジア諸国ではケータイというモバイルとして、急速に普及してきたのである。大学の講義室での私語が減ったのは、学生たちがケータイで通信をしているためだという、笑えないジョークも登場した。車内での使用は禁止しているというアナウンスがあるのに、平気で声高にケータイを使っている人もすくなくない。運転中のケータイ使用は、事故が多いので交通違反になるのだが、実際には無視しているドライバーを見かける。もっと危ないのは自転車でケータイで話しながら走ってくる人だ、という話もきいた。

情報化は、銀行の払い込みシステムや流通機構のPOSシステム、電車のプリペイド・カードなど、身近になって久しいが、それと異なった新しい段階に突入したのだと言えるだろう。山崎正和・西垣通編『文化としてのIT革命』(晶文社　二〇〇〇)は編者のほか十四人の識者の寄稿と座談会を含めた研究会の記録であるが、中には江畑謙介氏の情報革命による軍事革命の紹介や倉田潤氏のネットワーク犯罪の紹介など、IT革命のダークサイドをも論じられている。巻末の「二一世紀と情報革命」は、この趨勢がなにをもたらすか、かなり深刻な、とまどいも含めた議論が展開されている。

水不足・食糧不足の世紀か?

ダークサイドといえば、いま飽食の時代にある日本人にとって念頭にないとはいえ、無視できないのは世界の水不足と食糧問題であろう。近年の経済発展によって、黄河の河口部はほとんど水がない、地下水も減少して、井戸の水も枯れがちとも伝えられている。これは、工業用水、農業用水、さらに都市への人口集中にともなう都市の水需要の拡大が結果として引き起こした現象であろう。

中国は一人っ子政策によって、人口の急増には歯止めをかけようとしているが、それにもかかわらず世界人口の急増現象はなおつづいている。二〇世紀初めには約一六億ないし一八億人であった地球の人口が、一九五〇年には約二五億人、一九九〇年には約五三億人と倍増し、一九九九年には六〇億人を突破したといわれ、この傾向はなおつづくようだ。

そして、天候不順などによる不作に加えて、各地の地域紛争によって発生した難民などが、飢餓線上をさまよう事態がおきていることもまた事実である。日本のように米の過剰生産が問題になり、減反政策をとり続けてきた国もあるが、他方に飢饉におびえている国々もある、というのが現在の地球の状況である。減反により耕作を放棄した水田は、荒廃して回復が困難になる。水田、ことに中山間地の棚田は、急傾斜地が圧倒的に多い日本の国土を保全するという重要な役割を果たしているのであり、それを荒廃させるとたちまち表土の流亡、土壌侵食が起きて、洪水の危険を招きかねない。国土は荒れるに任されてしまう。国土保全という観点から、経済的に採算がとれなくても、生産者の生活を保障して稲作を持続し、余剰生産物は無償で飢えた人々に届けるという政策を、なぜ選択できないのであろうか。

日本の水の収支がどうなっているか、黄河の場合を他山の石として、真剣に再考する必要がある。従来の治水・利水に加えて、自然環境保全という要素も入れて、ダム建設の計画なども本気で検討することが必要であろう。ダムは要らないというだけではなく、すこしでも水を貯めておくという思想も重要になるのではないか。

環境問題は、ますます身近な問題として、リサイクルの考え方もしだいに定着しているが、自然環境の保護に人間の能力をつけ加えてゆく道も模索する必要がある。

〝農村〟の消滅、都市市民の登場

『日本のむらの百年』（NHKブックス、一九六七）という小著をまとめて以来私は、むら―農村共同体のそなえてきた生命力を評価し、それが安易な〝近代化〟のかけ声では容易に消滅するようなチャチな存在ではないと主張してきた。近代国家としての日本が、富国強兵の国家目標にあわせて伝統的なむらの長所を抹殺するような施策をとりつづけてきたことに対する批判があり、また、各地のむらに伝承されてきた人々の知恵に対する尊敬の気持ちが、この発言をうながしてきたのだと思う。それはまた、町衆と呼ばれた都市の常民の行動にも通底するものであったことを、私は都市の祭礼の研究をはじめたのちに気づいた。

近代を前近代と分けて、前者を肯定するあまり後者のすべてを全面的に批判する態度にも同意できなかった。いま江戸時代についての再評価がいろいろな面で進んでいるが、明治の新国家建設のために、それ以前の時代を全体として〝旧来の陋習〟として切り捨てたことが、日本文化から大きいものを喪失させてしまったことが、しだいに明らかになってきた。同じことが、敗戦から復興、高度成長とつづいた第二次大戦後の日本人の行動選択にも、ふたたび繰り返されたのかもしれない。

時代の変化を示すものとして、各地の知事などの首長の選挙に、これまでは慣習に支配されてきた投票行動の変化がある。多選知事に対する批判もあるが、地域住民―有権者たちが新しい動きを模索していることの現れでもある。なかには東京の青島幸男知事（一九九五〜一九九九在任）や大阪の横山ノック知事（一九九五〜二〇〇〇在任）のように、ポピュリズムによる都市住民の付和雷同性を露呈した例もあるが、他方では、確実にこれまでの選挙基盤であった住民の意識の変化を反映している例も少なくない。民主主義が定着してきたのである。

日本列島全体が都市化したという認識を、私は以前から主張してきたが、それが政治にも明白に示されるようになったといえるだろう。それは、日本人の市民性が全国に広がりはじめていて、選挙民が従来の伝統・慣習にとらわれずに合理的な選択をするようになったこと、すなわち日本人が〝市民〟になったことを示しているのではないか。市民―シチズンという言葉は、都市住民のことであり、その自由と権利・義務をそなえた人のことである。その人々が、前近代的な束縛からはなれて、〝市民〟としての行動をとった結果がこうした首長選挙にあらわれていると見ることができる。

これは、まさにロング二一世紀の動向のひとつであろう。

農林統計では〝農家〟というカテゴリーがあり、一〇アール以上の経営、または年一五万円以上の農業収入のあるものを指すという。その数は約三三〇万戸弱で、うち販売農家（三〇アール以上の経営または五〇万円以上の販売）が二五二万戸（七六％）、のこり七八万戸は自給農家と呼ばれている。また兼業農家が八七％で、うち農業所得の多い第一種兼業農家が一五％、兼業所得の多い第二種兼業農家が六七％である。

専門的に農業に従事している〝農家〟がすくないこと、多くの〝農家〟が兼業収入に依存していること、いいかえれば農業だけで生活している人々が少ないことは、この数字からもわかる。

しかし、もっとショッキングな数字がある。農業従事者のことは、従来は農民と呼び習わされてきたが、いまでは〝農業者〟と呼ばれている。私も世界の農耕にたずさわる人々を農耕民（農耕だけによって生活している人々）、農業者（農業を事業として生活している人々）、農民（都市民あるいは非農民と共存して、生産物を交易して生活している人々）に分けているので、この言葉を使ってよいと思う。この列島は長く存在して農民がいたが、今では農業者が多くなっている。

その農業者の圧倒的多数が、じつは女性なのである。全国で七二・二％、北海道三六・三％、東北六八・七％、近畿八五・五％という数字がある。一九八七年の数字であるが、この傾向は変わっていないだろう。(『図で見る昭和農業史』財団法人富民協会/毎日新聞社　一九九一)。

天野寛子『戦後日本の女性農業者の地位』(ドメス出版　二〇〇一)は、第二次大戦後のこれら女性農業者の諸問題を、生活経営学の立場から、農林水産省の生活改善普及事業などの政策を中心に分析した研究の成果であるが、それには女性農業者という言葉が使い始められた経緯などが、良く整理されて紹介されている。そこには「一九九七年現在、農業就業人口は三九三万人、うち女性は二二三万人(五六・七%)」という数字も示されている。

女性農業者という言葉がはじめて公的に出現するのは、一九九一年のことだとされる。(「農業・農村の変化に伴う農村婦人の役割に関する調査報告書」農山漁家生活改善研究会、一九九一)それまでは、「農村女性」「農山漁村女性(婦人)」「農家女性」などという言葉が用いられていたが、それぞれ難点がある。農村女性とか農山漁村女性は地域性を示すが、その地域の女性に共通の問題関心領域をひとまとめにしていて、夫以上に農業をになっている女性も、パートタイムで農業にたずさわる人も、専業主婦の庭いじり程度の人もひとつにされ、職業意識をあいまいにしてしまい、「無報酬労働」を当然と思わせていく状況をつくることに影響する。天野さんは「ちなみに〝農山漁村男性〟と一括りにした呼称は使われることはない」(天野、前掲書。二〇〇一、一一五頁)という。農家女性は〝家〟制度が廃止されてのちも、女性の地位の低さを示す意味をもっている。たしかに「農家男性」といういい方はない。

女性が農業を主体的に担っているにもかかわらず、それを示す言葉がなかった。もっとも男性農業者という言葉もないのだから、なお女性を差別的に扱っているともいえるが、現に存在する「農業を職業とする女性」の重要性を認めるならば、このカテゴリーの人々に女性農業者という言葉を与えてよいだろう。

じつはこの言葉は、土地の名義人でないために拒まれていた女性の、農業者年金への加入という切実な問題がふくまれている。「一世帯一経営主」という農業経営の概念を破って女性の農業者の存在を認識し、「家族経営協定」によって女性農業者の正当な地位を保障することが必要になった。一九九九年に「男女共同参画社会基本法」「食料・農業・農村基本法」が制定され、同年一一月に農林水産省が「農山漁村男女共同参画推進指針」を出したことによって、政府の方向が示された。これも、ロング二一世紀の動きの一つといってよいだろう。

百姓《ひやくせい》への回帰

地球上では、一九〜二〇世紀を通して、農業では一貫してモノカルチャーすなわち単一作物の生産が拡大してきた。それはいわゆる世界資本主義の流れに沿って、典型的には植民地において推進されたものであり、ブラジルのコーヒー、東南アジアのゴム、インドの木綿、アフリカの茶・コーヒー・油ヤシ・サイザル麻などに現れている。原料を効率よく生産し、先進地である宗主国に運んで加工・販売する、プランテーション型農業とよばれたものである。その動きには、アメリカの小麦・トウモロコシ生産やロシアの穀倉地帯の小麦生産なども、連動していたと言ってよいだろう。日本の場合も、この動きとは無縁ではない。一貫して米作りに力を入れ、農村と言えば米作という動きが、北海道に至るまで米作を拡大した。

その原形は、すでに江戸中期以降の関西などにはうかがえる。大和・河内の平野部は、一面の木綿畑となっていたことは、西鶴の「日本永代蔵」などにも描かれている。菜種、煙草、麻、紅花、藍、桑なども特産地が生まれていた。米が石高制の採用によって基本的に通貨の性質をもったために、北前船などの発達とともに、大坂を天下の台所とする国内流通の組織ができあがっていたが、そのほかの各地の物産もまた広く流通していた。松前の昆布や、灘の酒なども大消費地である江戸と上方を中心にして成長した。江戸期の各地の物産のリストを見ると、じつに豊かなもので、多様な生産が行われていたことがわかる。

これは各地の藩の政策を反映しているのであるが、それだけ自然資源が豊かな多様性を潜在的に具えていたためといえよう。網野善彦氏の能登半島の時国家の研究によれば、無高、あるいは小前百姓として村に記録されている人が、じつは裕福な商人、職人、廻船人であったこと、中世的・後進的な豪農とされていた時国家が、松前の昆布を京都・大坂に運ぶ廻船交易をおこない、塩浜を経営して製塩をおこない、能代などの北方に運んで交易をしていた、日本海交易で重要な存在だったことが明らかになっている（網野善彦『「日本」とは何か』講談社 二〇〇〇）。

まだ京大農学部助手だった頃、私は「片手間百姓もわるくない」という小文を朝日新聞に寄稿したことがある（一九六四年三月二七日）。柳田國男の『明治大正史世相篇』の「業は専らなるに精しとばかりで、非常に専業農の養成に苦心し、かれらの勤労と討究とを、十あまりの列挙せられたる産物に集中させた」という一文を引きながら、一九六二年末に七四％に達した兼業農家―当時三ちゃん農業と呼ばれた―に対する、農政当局の批判的な目にコメントをくわえ、片手間百姓を恥じることはないという趣旨をのべたものだ。その背景には、農家と呼ばれて統計に表れる人々が、じつは多様な職業を本来持っているのだという実感があった。

引用した網野さんの『「日本」とは何か』は、「百姓＝農民」という思いこみ」という節の一部である。網野さんは複数の高校教科書のなかに紹介されている、農民を七六・四％とする秋田藩の例（関山直太郎氏の研究による）などから、「封建社会の農民は自給自足の生活をたてまえとする」という説明が普通であった。網野さんは自分の研究対象である漁民はどうなっているのだと思ったそうだ。研究者のなかでも、古代の百姓は一般民衆であったが、中世以降は解体して農民＝百姓になったという理解が一般だったようだ。

しかし実態はさまざまな職業をもつ人々がこの言葉には含まれていて、なかには能登の時国家の例のような場合もあったのである。事実、農家の人々は、農業以外のさまざまな仕事ができ、家を建て、壁を塗り、屋根を葺き、かまどを築くなどを協力してやっていたし、作物を市に持っていって売ることも、また日雇いの仕事につくことも珍しくない。農閑期には酒造の専門家（杜氏）として灘や伏見などの酒造家に働きに行く集団が丹波や但馬地方ではうまれ、丹波杜氏、但馬杜氏という名称もうまれた。また鉄道の沿線では近辺の鉄道員として勤務しながら、その実家はちゃんとした農家の建前をもち、むらの構成員としての役割を果たすこともあった。都市の工場や事業所への通勤もこのような動きの延長上に起こったのである。やがて、住宅団地が造成されて、都市からの移住者が転居してきて、いわゆる農家と非農家の混住地域が生まれてくる。

百姓という言葉には、専業的農民だけではなく、さまざまな職業の人々を包含していたといってよいだろう。民俗学者の神崎宣武さんには『百姓（ひゃくせい）の国』（河出書房新社　一九九五）がある。相馬焼行商人、伊豫の行商人、南部大迫の神楽師、阿波鳴門の大谷焼職人、但馬杜氏などのライフヒストリーを軸にして、それぞれの土地の民俗を紹介しているが、終章「合間の稼ぎと農業」でいわゆる兼業農家を論じ、日本の農業は非農業の職種もふくめて〝小規模多角経営〟であるとする。今西錦司の『村と人間』（新評論社　一九五二）の分析から、奈良県平野村は「農業経営の園芸化と過剰労働力の通勤化をとおして、その近代化をすすめつつある」という結論を紹介、さらに柳田國男の『都市と農村』（朝日新聞社　一九二九）の「よほど古い頃から我日本には、さういふ意味の純農村はなかったのである」といいきり、「然るに多くの農学者たちは、農家を農業者と称し農村を農のみにて立つ村と見ようとした」という。神崎さんは「あえて極端ないい方をするならば、農村とは、『農業も行うムラ』なのである。農家は『農業も行うイエ』なのである」と述べて、「合間の稼ぎ」への注目を強調するのである。

第二次大戦後の都市の復興期から高度経済成長期には、長期の出稼ぎ者が東北などから首都圏などに出て働くようになった。そのかなりの部分が都市に滞留して、成功者は家庭を築き、失敗者はホームレスへの道をたどったといえる。実は、こうして〝析出されたプロレタリアート〟が、都市化した列島の主要な人口になっているわけで、彼らはまさに〝風にそよぐ葦〟のような大衆として、ポピュリズム政治家の口車に乗って首長選挙を左右するのである。また同じ大衆が、投票という行動が体制を変えないことに飽きた結果、無党派層、棄権者をつくりだす。

専業農家の幻想のもとにカウントされてきた日本の農民は、たくましく本来の百姓へと回帰している、とみなしてよい。むろん、それは少数になったとはいえなお着実に稲作をはじめ多様な作物を耕作しつづけている専業農家を否定するものではない。むしろ彼らの営みをはげまし、できれば減反政策による不耕作田をつくらずに、生産によって国土の保全を続け、余剰農産物は飢餓に苦しむ人々に無償で供与するようなシステムを開発して、将来の食料不足に備えながら、国土の保全という一石二鳥を期待してよいではないか。

新しい市民像を

思えば、このおよそ一〇年ほど、私の日常はいわばフィールドワークであった。

『同時代の人類学』（NHKブックス）の新版を一九九四年に出して以来、それまでの日常とは異なる、ひどい多忙の日々に追いこまれた。四半世紀勤めた大学を退官して、放送大学に移り、さらに大手前女子大学に転じたためである。女子大学を改革して共学と新しい学部を作る仕事があった。私は千葉の幕張と京都を毎週通勤することをはじめ、三年間にラジオとテレビの講義を作ってきた。四年目に大手前大学に転じたが、毎週、京阪神を往来することになった。ある意味で、この生活の変化は、私の日常に別の視点を与えた。都市の群衆のなかを往来することで、私はいわば考現学的なフィールドワークを日常的におこなうことになった。流行に敏感な人々の行動を、通勤の電車のなかの観察で追うことができた。バスの乗客の多くが老人であることにも気づいた。

「21世紀の関西を考える会」が一九九五年に財界の主唱で発足し、二〇〇〇年末で幕を閉じた。もともと九〇年末に経済同友会の提案を受けて九一年二月の財界セミナーで決議されたものだった。その頃、関西は関西空港、明石架橋、京阪奈文化学術研究都市というようなハード中心の大プロジェクトが進行中であったが、ソフト面を重視した長期的なグランド・デザインが必要だということではじまったものであった。二〇のチームがそれぞれのテーマを討議して報告、機関誌「あうろーら」二二冊と「グランドデザイン」をのこした。

私も後発ながら参画し、「北近畿の個性」研究チームを組織した（以下、各メンバーの所属は一九九九年当時）。芳賀徹（京都造形大）、山田浩之（大阪商大）、井上忠司（奈良女子大）、池上甲一（近畿大）、末原達郎（龍谷大）という研究者たちと、小田晋作（丹波新聞社長）、町井日昌（丹のくにフォーラム顧問）、ら一九人の参加者を得て研究会と現地視察をおこなった。

京阪神中心の視点が主なチームが多いので、私は周辺からの視点を加えようとした。はじめは北だけでなく、吉野熊野などの南近畿も視野に入れたかったのだが、実際には北近畿だけでも手一杯であった。この経験の中で、私は地方にも〝市民〟が確実に成長していることを実感した。報告をまとめたあと、九九年一一月末に、綾部市で公開シンポジウムをおこなった。河合隼雄(当時、国際日本文化研究センター所長。後に、文化庁長官)さんと芳賀徹さん(京都造形大学長)の基調講演のあと、四方八洲男綾部市長、浅倉洋子国際葛グリーン作戦山南理事、それに前出の池上甲一さん、末原達郎さん(現在は、京都大学大学院農学研究科)が参加したパネラーであったが、私は、その司会をしていて、この印象を得たのである。小田晋作さんが、その丹波新聞に連載された「二一世紀に生かそう北近畿の個性」で、これまでの〝向都離村〟の動きとは逆の〝離都向村〟の流動性が見られると指摘してあり、従来の男性優位、大都市優位、中央優位の社会が、逆転しつつあることを、具体的な例をあげてのべている。

もう、農山漁村というカテゴリーで、その居住者をひとくくりに捉えることはできない時代である。そのような地域の居住者も、市民としての自覚、自立がしだいにたしかなものになっているのだといえる。それは、けっして伝統を否定するものではない。むしろ伝統の良さを現代ないし未来に活かして行くことを、それぞれが自覚しているのである。関西ないし近畿は、ながい都市的伝統をそなえている。この歴史のなかで長い間にはぐくまれてきた〝市民性〟が、活性化しているのだとみることもできよう。そして、いまでは日本列島全体が、この〝市民性〟をもちはじめているのである。

第一章　稲のはなしから

バリ島にて—水利社会の構造

バリ島のはなしからはじめよう。

昨年（二〇〇〇）五月末に、バリ島をはじめて訪問した。民族芸術学会（木村重信会長）の研究大会が、はじめて海外で開催されたのに、参加したのだ。大会組織委員長は、大橋力千葉工業大学教授、というよりも山城祥二の名で知られた、芸能山城組の組頭である。芸能山城組は、全国の大学生を組織した集団で、バリ島へケチャを学びに行き、日本でも公演している。私のいた京都大学にもそのサークルがあって、かつて民族学会の大会をしたときに、アトラクションで参加してもらった。私はその応援団の一員で、今回の六〇人ほどの参加者の世話をする事務局は、河合徳枝さん、ケチャ公演の中心的存在である。

私は東南アジアには縁がうすく、大学院の頃、留学先のイリノイ大学で、東南アジア島嶼部の民族誌演習に参加して、民族誌をひとわたり学んだぐらいのものである。京大の東南アジア研究センターの設立のときには、フォード財団への申請を手伝ったことがあるが、それが実現した頃には、もっぱらアフリカに熱をあげていて、その動きは横目で見るだけだったので、私にとってバリ島体験は、まったく新しい経験であった。

バリ島はインドネシア共和国の一万七千の島のひとつで、正式にはバリ州。面積は約五六三二平方キロ。淡路島よりやや大きい。人口約二八〇万人。言語はインドネシア語が共通語であるが、バリ語が日常的には用いられている。ヒンズー教が土着していて、イスラーム化が全土を覆うインドネシア共和国では、特異な存在である。

『バリニーズ・キャラクター』という写真を多用した民族誌が、マーガレット・ミードとグレゴリー・ベイトソンの共著であること、〝劇場国家〟という言葉のある、クリフォード・ギアツの『ヌガラ』(みすず書房　一九九〇)が翻訳されていること。そのギアツが、バリ島の農民文化をインヴォリューション(内旋)という言葉で特徴づけていること、ミゲル・コバルビアス『バリ島』(平凡社　一九九一)吉田禎吾『バリ島民』(弘文堂　一九九二)があることなどは知っていた。また山下晋司さんから、『バリ　観光人類学のレッスン』(東京大学出版会　一九九九)をいただいていた。

しかし、実際には、ほとんど未知の土地として、バリ島に出発した。

夕方、島の最高峰アグン(サンスクリットで火の意味という)を見下ろしながら島に近づいた時、なぜか、やっと来たと思った。綿密な計画にしたがって、デンパサール空港に到着後、バスでウブド村にあるホテルに入る。ウブドの王家の経営するというホテル・ピタマハはコテージの集合体のつくりで、それぞれの部屋が独立家屋で、庭にプール。

翌朝、八時半から〝バリ概観視察〟のバスで出発。大橋さんの抜群のガイドによって、まず、バトゥプラン村のバロン劇を見物し、のちバトゥール山に近い、水利寺院の本山とされているウルンダヌ・バトゥール寺院まで登って、お寺に参詣し、灌頂を受けた。それからキンタマーニ高原の食堂で昼食をとり、あと山を下る。途中で、トゥガラランで棚田を見物、つづいてマス村の木彫、チュルク村の金銀細工、バトゥプラン村の石彫、トパティ村の更紗工房を見学した。夜はサヌール村のジャヌール・ガーデンで懇親会がひらかれた。まず、完璧な観光の一日であった。

途中で、参加した大阪大学の鳴海邦碩教授から、『神々と生きる村・王宮の都市―バリとジャワの集住の構造』（学芸出版社　一九九三）をいただいた。鳴海さんは、仲間と一緒に、住宅をバリにもっている。この本はバリとジョクジャカルタの詳しい調査報告である。

この島にゆかりのある知人がもう一人いる。バリ島を〝ついの住家〟とした、大村しげさん。NHKの番組審議委員を七年もご一緒した。『京の台所』（淡交社　一九八五）などの著書のあるエッセイストであるが、晩年この島に移住して一九九八年に亡くなった。バリについての著作もあるはずだがまだ見ていない。その追悼の集会にも失礼してしまった。

バスの車窓から、三毛作といわれる水田で、片方が田植え、他方が稲刈りをしている光景を実際に見た。大橋力さんによると、この水田稲作中心の島に溜め池がまったくないという。それは、この日の朝、訪れたバトゥール山一七五〇メートルの側にあるバトゥール湖のように、火口湖がいくつもあって、それが島全体の水源になっていて、そこから伏流水もふくめて、清冽な水（大橋さんはそれを〝エントロピー拡大前の水〟と形容した）が島全体にゆきわたっている。

その水利慣行はきびしい慣習法（アダット）として行われている。その厳格さは、王様でも例外ではない、ということであった。水田に用いられ、日用の生活用水ともなったのち、エントロピーが拡大した水は海に注ぐのである。

熱帯のつよい日ざしのなかで、野良仕事はほとんどできない。水田のなかに小屋があって、それは労働の間に農民が休息する場所だといわれたが、農事は早朝と夕刻に限られていて、暑い最中は村にもどって、バロン劇やケチャの練習にはげみ、また一村一品的になっている工芸品、土産物の生産にはげみ、また数多い宗教的行事に費やすという。

ヒンズーの多神教的性格は、その供物にもうかがえる。バスの窓からも、寺院に運ぶらしい果物などで作った供物の塔を頭に載せて歩く女性の姿をよくみかけた。供物はのちに家族などが食べるという。地表にも供物が置かれている。それは悪霊に捧げられたものであって、その放つ腐敗臭も悪霊の好む匂いだそうだ。

また、この島の最高峰であるアグン山三一四二メートルは聖なる山とされ、それにむかう方角カジャを聖なる方角という。反対に海にむかう方角クロッドは、悪霊の領域を指すといわれる。会合のときの上座はカジャの方であり、村の寺院の位置や火葬の場所、あるいは屋敷の構造にもこの〝方位〟が用いられているそうだ。

いたるところに石の像があり、それにはさまざまな色の布がつけられている。黒白の格子縞の布がとくによく目についたが、きらびやかな色のものもある。

むろん数日間の滞在で、バリ島の文化の全容を知るよしもない。しかし、短時日でも、この島には分厚い文化の蓄積がある、ということは、よくうかがえた。

棚田と村落

大橋さんのバリ概説を聞きながらバスにゆられ、ウルンダヌ・バトゥール寺院の庭で礼拝し、ヒンズー教の僧侶から灌頂をうけるあいだ、私は、秋の比較文明学会のことを考えていた。十月に沖縄宜野湾市の沖縄国際大学で開催されるこの学会で、私は「文明の基礎としての文化」というテーマで、基調講演をするように、伊東俊太郎会長から頼まれていた。伊東さんは文明の基盤に文化があるという主張をしていた。この学会で、私はもっぱらアフリカの文明について発言してきたのだが、その文化の基盤は農耕、牧畜、あるいは都市と多元的である。バリの風物にふれながら、私は〝灌漑文明〟、〝水利社会〟という言葉を思い出していた。バリ島は東京都の二倍半ほどのちいさい島とはいえ、そこにはたしかに文明が存在している。ヒンズー文明でなければバリ文明である。それは火口湖を水源とする水利組織のつくる、灌漑文明にささえられた、独特のバリ文化を基礎としていることはいうまでもない。バリ島の人々の生業は、農業というよりも百姓という言葉のほうが適切ではないか。かれらはたしかに水田稲作農耕もしているが、またバロン劇やケチャ・ダンスを演じる芸能人であり、さらに木彫、石彫、金銀細工、あるいは更紗の工人であり、あるいは画家である。いまふうにいえば水田の農作業の余暇を開発したのだともいえるだろうが、確固とした生産基盤の上に、これだけに文化をつくりあげてきたのである。

私にとって師匠のひとりであるジュリアン・スチュワード先生（イリノイ大学）が、かつて〝灌漑文明〟というシンポジウムを主宰して、『灌漑文明』（一九五五）という報告書をまとめている。ほとんど半世紀まえのことである。そこには、古代メソポタミア、ペルー海岸部、中米、中国が比較されている。中国担当はウィットフォーゲル、彼はこのシンポジウムのあと、『東洋的専制主義』（論争社　一九六一）という著作を書き、日本でも翻訳されている。その主張は、古代以来の中国文明は大河流域の治水のために大きい権力の集中を必要とし、それが専制的帝国と専制君主の独裁を生み出した、というものだ。東洋史では「禹の治水」という神話的な話が伝えられている。禹は中国古代の伝説上の聖王で、「書経」には堯・舜とならんで三帝として挙げられている。舜の命令で治水に成功した功績によって、舜のあと皇帝となり、伝説上の最初の王朝である夏王朝を建てて、その祖となったという。夏は五百年ほど続いたが、十七代目の暴君桀が商（殷）の成湯によって滅ぼされたという。

黄河の治水が中国文明にとっては死活問題であり、それには広域支配─大権力の存在が必要で、専制君主の登場を許したといえる。中国のデスポットによる中央集権的支配体制が治水の必要から生まれたという、ウィットフォーゲルの説は理解できる。かれは灌漑文明の基礎に、水利社会を置いたのである。スチュワードはこのシンポジウムによって、世界各地に並行的に水利社会が存在し、それぞれが並行的に〝進化〟したとして、当時忘れられていた進化論的な見方を主張する論拠としたのである。ただ、他の地域の研究者の論考が考古学的な実証性をそなえているのに対して、ひとりウィットフォーゲルのそれが実証的でない点できわだっていた。なおかれは、「水利社会」という別の論文で、ギリシアや日本にも灌漑組織があったが、小規模で中国のような大きい権力支配を必要としなかった、日本は西欧と似た封建制をつくり、ギリシアは民主制をつくった、どちらも水利社会ながら多中心―分権的社会になったという。

おなじ灌漑文明であっても、バリ島や日本のそれは中国と異なっているのである。

古い友人の浦城晋一さんが、その著書で東畑精一博士の挿話を紹介している。

かつて、博士が、ある国際会議で「あなたの国には、エジプトのピラミッドに比すべきものがあるのをご存知ですか」と問われ、返答に窮していると、「それは、あの日本のいたるところで、汽車から見える棚田のことですよ」と言われたという。「あの、山のいただきまで見事な段々をなして作られた水田のことですよ。あれをあのように作るには、そうしてあんなに見事に維持していくには、いかがでしょう、実に驚くばかりの労働力が、幾百の農民によって、幾十年もの間にそそがれていると言わねばなるまい、あれは、まさに農民の労働、勤勉の結晶であって、その点では、あのエジプトのピラミッドを建てるにそそがれたエナージィと匹敵しやしないかと思いませんか。自分はあなたの国に行って驚いたことは沢山あったけれども、あの日本のピラミッドを眼のあたりに見たときの驚きに較べうるものはありませんでした」と話したという。(浦城晋一『悲しい米、豊かな米』日本経済評論社　一九八六)

バリ島の見学の途中でも、トゥガララン村でバスが停車して、棚田を見た。急斜面に築かれた狭い段々の棚田であった。最近は棚田を見直す動きもあって、棚田学会というような組織もできているときくが、まさに棚田の景観はピラミッドの建設に比肩できるような人間の営為の結果である。

そして私たちは、棚田が、このバリ島や日本各地にみられるだけではなく、フィリピンのルソン島や、中国雲南省・貴州省などにもひろく認められることを知っている。これは黄河や長江のような大河流域の景観とは著しく違うものである。

農事の労働のきびしさはいうまでもない。しかし、それにもまして、急斜面を削り、わずかずつでも平坦な土地を造り、そこに水を溜めることのできる水平面を作り出すのは容易なことではない。さらに水が漏れないように地盤を固め、斜面を崩れないように石垣などを築いて補強する。この土木技術の困難さは想像をこえるものであろう。それを、先人は営々とつくりあげてきたのである。そのように築いたテラスに水を引き、また出す。灌漑排水のためのシステムは、水一枚毎の水田にとって重要であるだけではない。その上流や下流にある水田にとっても重要な問題である。ひとつの沢、谷、ひとつの川全体の秩序がもとめられる。水争いをしているだけでは、解決しないから、ここにはシステムが必要になる。

日本の棚田はその歴史とともに古い。水田稲作は、弥生前期（紀元前四〜五世紀）に北九州に伝来したとされるが、一九八八年に弘前市の砂沢遺跡から紀元前二〜三世紀の水田遺構が発見され、稲が栽培されていたことが土壌分析からあきらかになった。早くから稲作が東北にも伝播していたのである。単位面積あたりの収量が多く、人口扶養力が高いので、支配権力の物的経済基礎になる。その結果、富の表示基準とされ、「米本位経済」が成立してきた。古代の溜池建設と条里制、近世の幕藩体制下の河川氾濫原の新田開発、明治大正期の地主主導の耕地整理、大正末期からの国営・県営などによる大規模開発と、水田は平野部にもっぱら展開してきたが、そのまえには小規模な天水利用による、渓谷—中山間地の水田、すなわち棚田が主流であったといえよう。

さきに引用した浦城晋一さんは、私の三重大学農学部以来の友人で、三重大学名誉教授の農業経済学者であるが、彼はつぎのように書く。

「わが国の風土は平地に乏しく、河川は海岸近くまで河谷をきざみ、広域に河川用水灌漑を天然に実現しうるような土地はすくない。平野も集中豪雨や台風のとき乱流にさらされて安定した収穫がえられない。こうした次第で、わが国はモンスーン気象は適しているとしても、地勢上、米作適地とはいいがたいものがあった。そういう状況下で米本位制社会を人工的に努力してつくったのがわが水田米作というものである。（中略）およそ灌漑水利のはかれる土地はことごとく水田化し、米作を行い、最小限の菜園として必要な土地や水利の困難なアップランド（畑）や山畑（茶畑・桑畑・漆畑など）を除いてその他の土地はすべて水田化するという傾向をもたらした。」（浦城　前掲書による）

そして彼は、「水田稲作へのこだわり」があったと指摘する。織豊政権までの日本は、定住の中心は盆地や中山間部の河谷段丘を用いる棚田が中心であった。その後、分権から集権への統治機構の変化、土木技術の発達と、大規模な治水、灌漑、開拓干拓の可能性、米品種の選抜と栽培技術の発達、そして石高評価という、経済価値尺度の結果をうながすことになる。こうして、かくして、米本位の土地利用と経済秩序が、極度の土地節約的、労働集約的な農耕文化を導いたというのである。

いまでは中山間地域の棚田は、浦城さんのいうように限界地（経済学の用語で、景気により、また豊作凶作によって使われたり使われなかったりする土地）になっている。

しかし現実の日本農村では、平野部の集落を別にすれば、多くの場合このような棚田とともに成立している。そしてその水は、背後の森林を水源としている。いわば棚田と集落と背後の森を一セットとする基盤のうえに、この国の農村文化は成立した。

棚田を中心に述べてきたが、その集落形成―村落のありかたもこの沢と谷の利用と無関係ではない。半世紀も前に、私は京大探検部の人達とひと夏を根尾東谷のむらで過ごしたことがあった。

そのチームのリーダーは藤岡喜愛さん（元・愛媛大学、甲南大学教授。著書に『イメージと人間』〔毎日出版文化賞〕他）、晩年には精神人類学を提唱した人である。調査地につけばまず高みに登って、対象地域を俯瞰すべしという方法論をもっていた。そのとおりに丘に登り、その谷を見おろした。「なんと、ご先祖さまはいい場所を選んだものだなあ」という藤岡さんの感嘆をいまもおぼえている。このむら―岐阜県本巣郡根尾村上大須―のことは、『日本のむらの百年』（ＮＨＫブックス、一九六七）に書いた。

香月洋一郎『景観のなかの暮らし』（未来社　二〇〇〇）は、二〇年前の本の改訂新版であるが、そこにはさまざまな地形の集落―村落のあり方を描いている。平野の景観もあるが、圧倒的に棚田の景観が多い。そして注意して見ると、その中の集落、あるいは家のありかたがわかる。耕せる場所を優先して、人々はひそかに片隅にそのむらを造っているのである。

それが弥生時代以降の日本文明の基礎になったことは、いうまでもないだろう。

日本の水利組織―愛媛県大西町宮脇の場合

さて、バリ島での学会は、次の日、インドネシア国立ウダナヤ大学を会場として開催された。民族芸術学会の第一六回研究大会である。木村重信会長とウダナヤ大学のイ・ワン・グリア教授による基調講演のあと、研究発表があった。第一部はバリ島研究の報告でそれぞれ興味深かったが、私は、第二部の河野正文さんの「大井八幡神社の春祭りと水系制御」という報告に注目した。それは、いま私が考えているテーマに、まことにふさわしいものだった。バリ島という水利社会のなかで、はからずも日本の水利社会の報告を聞いたことになる。

河野さんには、大橋力教授との共同報告など、すでにたくさんの業績がある。今回の報告は単独のもので、「(瀬戸内海の)沿岸開発と伝統的な地域社会との最前線で繰り広げられた〝葛藤制御〟のメカニズムについて事例報告し、〝美しいむら〟を守り育てようとした人々の叡智に学んでみたい」というレジュメに沿った、非常に充実した報告であった。

帰国後、私は、愛媛県今治市に隣接する大西町役場に河野さんを訪問して、現地を見学してきた。河野さんはいま町の下水道課長である。そしてこの学会報告の主題は、この町の宮脇地区(大字宮脇)を舞台にしている。

以下、河野さんの業績に、訪問した時の見聞をまじえて、報告の内容を紹介しておく。

①大西町宮脇

愛媛県越智郡大西町大字宮脇は、もと宮脇村と呼ばれ、北の瀬戸内海にむかって開けた土地である。大西町は面積一八・七一平方キロ、三一〇〇世帯、人口九二五四人(二〇〇〇年八月現在)で、集落は九つにわかれている。弥生時代の遺跡もあり、もみ痕をともなった土器も発掘されていて、古くからの定住の歴史をもつことがうかがえる。

瀬戸内気候のこの地方は、年間降雨量が一三〇〇ミリとすくなく、傾斜地のために雨水はすぐに海に流れ込むので、古来溜め池と灌漑用水路の構築と管理にはおおきい努力が払われてきたといわれる。宮脇にも東新開、西新開という地名があって、水田開発も行われてきたようである。しかし、旧宮脇村の石高は一七〇〇（元禄一三）年の松山藩の検地記録「伊豫国村高帳」では、七二三石九斗〇升四合。一八六八（明治元）年には七三〇石七斗〇升七合となっている。わずかな増加にすぎない。新田開発は元禄の記録以前に行われたもののようだ。

宮脇にはもと、〝地坪（じならし）〟と呼ばれる耕地の割替制度である。これは、村内の耕地すべてを村民の共有としたうえで、「村中立会のもとに一筆ごとの土地の大小、等級、石盛を決定し、つぎにこの一筆ごとの土地を土質・水利・交通・運輸などの良否便利さを考慮して十数段階に区分する。この区分した土地を種々組合わせて、一定単位のくじをつくる。これを各百姓が従来から保持していた石高にしたがってひかせるというものである。」（大橋力、河野正文他の論文「宮脇の水と祭り―大井八幡連合における自己組織化と葛藤制御に関する生態学的研究」一九八五、一五頁）。宮脇では一八一二（文化九）年にこの地坪をおこなった記録がある。特筆すべき土地制度である。

地元では、この制度の源流は、慣行として伝承されてきた〝土地所有の交替制〟にあると考えられている。この土地交替の単位は、〝かぶ〟と呼ばれる谷ごとの地域的組織が基本になっている。この〝かぶ〟は小さなお宮を祀る氏子の単位にもなっている。そこにはまた〝かぶ〟とよばれる長老がいて、この長老たちが連合して、谷ごとの土地交換をしていた、という伝承がある。この土地利用慣行は、社会的制度として、一八七三（明治六）年の地租改正に至るまで続けられていたという。

また宮脇では、この慣行に加えて、〝ナラシ〟という小作人相互の耕作地の交替制を、戦後の農地解放まで実施していた地主もあったという。土地区画の所有・耕作権を年限を区切って、ある家（人）から他の家（人）へ交替させてゆく、きわめて流動的な土地所有制度の伝統があったといえる。

旱魃の際の水争いは、日本各地でみられてきたが、宮脇ではそれを予防する対策として、ひとつは旱魃という自然災害を回避することを神にいのり、また他方できるかぎり合理的に水をめぐる紛争を解決する工夫が、土地の割替というかたちで社会制度に組み込まれていたのである。

②大井八幡の祭礼

大井八幡神社の祭礼は、宮脇全体の大きい年中行事である。この神社は八世紀に伊豫国司が大井宮を創建し、九世紀、宇佐八幡宮が男山に勧請される途次に大井浜に八幡宮の仮宮を建て大井宮と称したが、それを国司が合体して、八九〇（寛平元）年に大井八幡と改号したことにはじまるという由緒をもっている。徳川時代になって藩主松平定行によって野間郷三大社のひとつとされ、雨乞い祈禱、五穀祭が頻繁に営まれてきた。

その祭礼の日は、もと旧暦八月二七日であったが、いまでは毎年五月一九日である。

午前一〇時、〝お宮出し〟という儀式があって、神輿に神霊を移したのち、行列が出発する。まず先払いの芸能の列が、神社本殿のある丘のうえから、八五段の石段と、その下の馬場にいたる境内で、芸能を披露する。先頭は〝櫓（やぐら）〟と呼ばれる山車で、四人の子役が小太鼓をたたいて囃し、かけ合いで音頭をうたい、大人たちがそれを曳いて、石段をおり、馬場ではやす。つづいて〝奴〟による大名行列で、九人が傘を、他の九人が槍を投げ合いながら行進する。つづいて〝獅子〟。雄雌一対の獅子が、「保存会」のメンバーによって演じられる。そのあと神輿。大人の神輿二基、子ども神輿八基が、この御神幸列の末尾に加わる。行列は三キロほどの道のりを諏訪大明神社のお旅所まで往復する。

渡御列の通過後、石段下の馬場で〝獅子の場づかい〟というパフォーマンスがある。人が肩のうえに人を乗せ積み重なって、最後に子どもがのる、継ぎ立ち獅子という演技などがある。（かって京大で、芸能山城組の学生たちが演じたのは、この〝獅子の場づかい〟の立ち芸の演技だったことに気がついた。大橋さん、つまり山城祥二さんは、それを取り入れていたのである。）

神輿の巡行〝お旅〟の儀式が終わると、一九八一（昭和五六）年からはじまったという四人の少女による〝浦安の舞〟で祭りは終わる。

③祭祀組織

大井八幡神社のこの祭礼を支えているのは、宮脇、新町、大井浜の三つの旧村の氏子の連合で、約四〜五〇〇世帯の古い氏子に、新しく移住した人々をくわえた約八〇〇世帯の組織である。宮脇は住民全体がまとまって氏子とされている。

この祭礼をささえているのは〝オトウ〟と呼ばれる祭祀組織である。旧村単位の五つの〝小宮〟

と呼ばれる神社の〝オトウ〟と、その上に、大井八幡神社の〝オオオトウ〟がある。宮脇では厄年の男子がオトウを〝受ける〟。その結果、大きい社会的評価があたえられるという。たとえば、大井八幡神社の渡御列のお旅所は諏訪大明神社であるが、これはかつてこの地を支配していた河野氏が、一三四〇（延元五）年に勧請した神社で、南朝方の軍勢を勝利に導いたとして河野氏の崇敬が篤かったとされる。明治五年に官命によって大井八幡と合祀されたが、氏子の強い願いで、明治一〇年に官許を得て還座したといわれる。氏子集団の強い結束を示したものといえよう。

この五つの〝小宮〟と呼ばれる神社よりも小さい単位で、〝やぶかみさん〟が祀られている。これは地域的に近接した一〇戸前後の家々を単位とする組織〝ガワ〟をもとにした祭祀組織である。これには全戸参加の原則があり、冠婚葬祭や農事の相互扶助関係など、人々の日常生活を支える近隣集団で、この地域の最も重要な単位社会組織である。

つまり、宮脇では、〝やぶかみさん〟を祀る近隣集団、〝小宮〟を祀るやや広い地域集団、そしてそれら全体をつつむ大井八幡神社の祭祀組織が、重層的に存在していることになる。

④水利組織のシステム

傾斜地で水の確保が容易でないこの地域では、古くから溜め池で水を蓄えて配分するシステムが確立していた。いまではミカン畑に転換されている農地が多いが、宮脇の水系の主流である宮脇川の東に一一、西に四つの溜め池があり、それぞれが上流下流の関係をもちつつネットワークを作っている。それぞれの溜め池は大小の集水域をもっていて、なかには宮脇川と平行して別の渓谷をつくる山之内川から取水している場合もある。この溜め池が、天水に頼っている水利組織に弾力性をあたえていて、渇水期には〝ワタシ〟と呼ばれる非常用の水路（樋）が活用される。

水の管理は、〝役〟と呼ばれる人々の共同管理体制で営まれる。〝役〟には、〝村役〟と〝ガワ役〟がある。〝村役〟は耕地を単位にした管理体制であり、〝ガワ役〟は、先に述べた近隣集団を単位にした役割である。

宮脇の耕地は、水系にしたがって奥耕地、中通耕地、町耕地、森耕地、東明寺耕地の五つに分けられているが、ガワはそれが細分化された地縁・近隣組織である。〝池番〟、〝堰番〟という役もあり、また水不足のときには特別に〝水番〟という監視・管理役をつくる慣行があった。池を単位として、その利用者が集まって協議し、水番を交代で勤める。池番と水番の分離は、非常事態に対応する準備でもあるが、それぞれの独走ができず、双方協議によって解決するという、耕地内の紛争を抑止する機能をもっていた。

⑤水仲間と祭り仲間の一体化

伝統的に継承されてきた〝かぶ〟は、いまでは〝ガワ〟という地縁的小単位―近隣集団になっていて、それは〝やぶかみさん〟と〝小宮〟の共同祭祀に参加し、さらに大井八幡神社の氏子として統合されている。水利組織として見るならば、〝ガワ〟は五つの耕地にまとまり、さらに奥と町という二つの耕地連合体としてまとまっている。奥は大井八幡の祭礼の神事芸能では、獅子、奴、神輿を担当し、その集会場をもっている。さらに近年参加してきた衣黒団地も、獅子を担当していて、ここも集会場をもっている。つまり、水利組織と祭祀組織は、宮脇地区として統合されているのである。

大橋力さんたちとの共同執筆である一九八五年の論文では、祭礼における神事芸能の中立的・超越的・神秘的媒体としての機能を重視して、その葛藤制御にはたす役割を論じ、制御回路としての「情動」、〝神々という名の制御回路〟に言及しているが、そこまで立ち入ることはしないでおこう。宮脇の水利組織と祭祀組織は、渇水期をともなう傾斜地の灌漑文明、水利社会の具体的事例ということができる。

バリ島の水利組織のアダットについてはよく知らないが、王様も平等とされる点では、この水仲間と祭り仲間の一体化、水利と祭祀の組織の一致は、この島の敬虔な宗教的生活と水田稲作を支える水利組織の関係も、同様なものであろうと類推できる。

河野正文さんの報告は、スライドを用いたていねいな報告であった。まず神社の祭礼で奉納される獅子、櫓、奴、神輿などの芸能の実態が示され、獅子の立ち芸、若衆奴の現況、神輿をオトウの家に担ぎ込む〝サカムカエ〟、神輿を皆廻池（かいもりいけ）に投げこむ様子などが紹介された。ついで宮脇の伝統的水利組織を説明したあと、現在は完成をみた「藤山健康文化公園」の建設までの十数年のあしどりが紹介された。今治市広域都市計画の一環として、海抜八〇メートル山頂の古墳と、皆廻池をとりこんで造成された一三ヘクタールの公園は、皆廻池をめぐる水利組織をのこした形になった。

それには一〇年二六回におよぶ会合をかさねて合意に達したという。皆廻池には、渇水の危機には山之内川から才鳥池を経由して、宮脇川を越えて水を引く〝大渡し〟の水路があった。それはまた〝寺樋渡し〟と呼ばれて、下流から上流へと水を逆に提供する仕掛けであった。この慣行水利権は、公園建設にあたっても保障されることになり、それは特別委員会の協議要録として記録された。この協議会は、「先人が三五〇年かけて守り育てた皆廻池という〝財〟を、公園という〝形〟に変えて後世の作業の〝場〟であった」と、特別委員会の要録の委員長あとがきは記している。

公園のなかに、〝やぶかみさん〟のひとつ妙見神社が復活したのも、この事業のなかの副産物であった。この小祠は、土地買収のすすむなかで消えていた。それが復興されて、明治の合祀前の状態にもどったのである。

河野さんは、「環境に与える負荷を可能な限り少なくしようとしても、開発には痛みがともなう。その痛みを癒すことができないまでも、せめてもの償いとして、〝大過のない処置〟がほどこせているかどうか。こころもとないところである。しかし〝ご先祖さんが草葉の陰で泣いている〟ようなことだけは避けるように、という配慮のもとに、大井八幡神社の裏山は都市公園として開かれることになった。年間一二万人の入園者を数えているということである。（レジュメ）」と述べている。

ここでもうひとつ、別の具体例を提供して、日本文明の基礎にある日本文化の地域的な厚みについての認識をうながしておきたい。

バリ島に飛ぶ前の五月の週末に、私は雲南を訪問した。といっても中国南西部の雲南省のことではない。出雲の南、という意味である。この言葉は今度はじめて知った。

財団法人政策科学研究所という組織の研究会で、加藤秀俊部会「日本の村の将来」という会合がある。すでに四〇回を重ねているが、その最後の回は、昨年亡くなられた安達生恒さんの企画によって、松江で山口県の船方総合農場の代表坂本多旦さんの話を聞き、翌日雲南の島根県大原郡木次（きすき）町（現・島根県雲南《うんなん》市木次《きすき》町）の木次乳業の代表の佐藤忠吉さんを訪問した。

坂本多旦さんには、「第六次産業の創造」という講演を聞いた。第六次とは、第一次×第二次×第三次という意味で、坂本さんはそれを〝総合生命産業〟と呼んでいる。組合員八人が共同して、酪農・肉牛生産・堆肥生産・水稲栽培・花卉園芸・果樹園芸の総合経営を営み、乳製品、肉製品の加工と販売（直販・宅販）、都市農村交流などの事業を総合的に実行している。いま、農業法人の設立運動に参画していて、社団法人日本農業法人協会を設立、その会長として全国を飛び回っているという。農業・農村の活性化について、本格的に動いている人に会えて、元気な地方の人々をあらためて認識した。

不況のもとで、都市も農村もともに元気がない昨今であるが、意外に農村—地方は元気なのではないか。


翌日の雲南で会った佐藤忠吉さんも、七五歳という年齢をおもわせない、元気なひとであった。日本で最初に低温殺菌牛乳を開発して、京都や大阪へも販路をひろげ、全国に知られる会社をつくった。名刺にはいまも〝百姓〟という肩書きをつけている。ライフヒストリーが一九九五年に毎日新聞の記者によって新聞に連載された。それを読むと、けっして平坦な人生を送ってきたとはいえない。中国に出征、八カ月の抑留後に復員したが、病気がちで、健康を回復した一九五五年に父から家督を譲られた。家は養蚕・タバコ栽培・和牛の生産で年収百万円の〝富農〟であったが、五三年以来はじめた酪農を、近所の五人の酪農家とともに、共同の牛乳処理工場「木次《きすき》乳業」をたちあげた。六〇年には仲間が二〇人に増えた。しかし六一年には島根県東部の集中豪雨の水害で母屋や耕地が流され、次男が亡くなるという悲劇を経験した。六二年飼っていた乳牛が不審な行動をはじめ、乳房炎が多発、繁殖障害も起こした。仲間と研究してみると、その原因は農薬・化学肥料を使った水田のあぜ草を食べて、牛が硝酸塩中毒にかかっていることがわかった。あぜ草への農薬・化学肥料の散布を中止して、野草中心の飼育にきりかえたところ、牛は元気を回復した。

六五年、仲間が牛の瞳孔が異常に開いていることを見つけた。「残留農薬が人間の母乳から有機塩素系のＤＤＴ、ＢＨＣが検出され、母体をむしばんでいる」ことを知り、町内のＤＤＴ、ＢＨＣの使用中止を実現した。

牛乳処理工場が火災にあい、失意のどん底を経験したが、仲間と「木次有機農業研究会」を発足した。一五人の研究会は、いま島根・鳥取両県にまたがって会員が増え、八一人に達している。レイチェル・カーソンの『沈黙の春』（青樹簗一訳、新潮社　一九八七）（一九六四、旧版『生と死の妙薬』新潮社）、有吉佐和子『複合汚染』（新潮社　一九七五）など、環境汚染、食品公害の問題が浮上するのは、七〇年代に入ってからのことである。佐藤さんたちは十年も早く、その問題を知り、地域で地道な活動をはじめていたのである。

戦後の木次には、すぐれた精神的指導者がいた。中学校長の加藤歓一郎である。無教会派のクリスチャンで、聖書研究会を主宰し、つづり方教育、産業教育を実践、考え方は宮沢賢治に、行動は田中正造に学べと説いた。その影響下に、佐藤さんたちは近代化農業への懐疑をもちつづけた。木次有機農業研究会の結成は、小規模な有畜複合経営の農業の展開をうながし、近代化、大型化農業へのアンチテーゼを打ち出していったといえる。

私たちは佐藤さんの工場の二階の集会室で、ひとわたり説明を聞いた後、その施設を一巡した。牛乳処理のほか、ヨーグルト、各種のチーズ、さらにアイスクリームなどを製造している工場である。酪農は山地を利用して、ブラウン・スイス種の牛が放牧されているという。しかし牛の口蹄疫が九州などで発生しているという理由で、放牧地の現地見学はできなかった。工場のそばには平地飼い有精卵をとる養鶏場や、黒豚の飼育場があった。

この工場から車で十数分、私たちは〝食の杜〟となづけられている室山農園についた。農作業体験のできる宿泊施設として、古い茅葺きの農家と、瓦葺きの農家が移築されている。目の下一帯にはぶどう畑がひろがっている。またしゃれたワイナリーが建っている。佐藤さんのグループの試みで、ワイナリーにはワイン製造の施設、樽熟成の貯蔵庫施設に加えて、試飲室やゲストルーム、さらに売店もある。ワインの若い技術者が気持ちよく解説してくれた。栽培者の名をとって大石ぶどう園というが、ブラックオリンピア種にねらいをさだめて、栽培に全力を挙げているということだった。

復員のとき岡山の同年兵が「国へ帰ったら賀川豊彦の説いた〝乳と蜜のながれる里〟をつくりたい」とはなし、佐藤さんは強く同感したという。しかし、「農村の活性化などというが、農村は活性化しないほうがよい、鎮静化するのがよい」とも、話のなかで発言して笑いをさそっていた。稲作は自給用しか作っていない農家も増えているが、米から完全に離脱した例はすくないだろう。第六次産業をめざす坂本多旦さんも、有機農業をめざす佐藤忠吉さんも、稲作からきれていない。

この〝食の杜〟の高みからは、出雲神話の物語の舞台がほとんど見渡せるという。ここにも日本文明のひとつの基盤がある、と私はおもった。

ニューヨークにて

ニューヨークのジャパン・ソサエティから講演の依頼がきた。

この秋から冬にかけて、ライス・カルチュアについて一連の催しをするので一二月はじめに基調講演を、ということだ。追いかけてファクスがとどいた。米と祭りを中心的なテーマにすえたシンポジウムを一日やる。主食、あるいは祭りにかぎらず、日本人の生活のなかの米の存在意義についての話をのぞむ、ということである。「ライス・カルチャー」というノルド・エジェンタ一という人の文章がついていて、それが構想しているテーマに近いものです、とある。読んでみると、日本料理に感心している人達は米が植物であり、農民の汗と労働で栽培されていることを忘れている、という書き出しで、米が日本文化にとって重要な一要素であると主張している。食料としての米だけでなく、わらもまた重要で、衣食住に深くかかわっているばかりか、注連縄《しめ》など儀礼的側面でも大切である。また稲作儀礼は春秋の祭りが主であるが、山の神が田の神になり、また山の神にもどる循環があり、野と森の交流を説く。ライスワイン（酒）の儀礼性にも触れている。東京駒場の日本民芸館や大阪千里の国立民族学博物館も訪問したことがあり、日本の古典にも通じた人であるようだ。米と稲作が日本文化—信仰や年中行事など—にとって、その精神的なものの支柱になっていることを説く。宮崎清氏の『藁』（法政大学出版局　一九八五）も紹介されている。

米は「自然と文化の対立を調和させることで、人間とその存在の必要条件を探究する、ローカルな人生態度のつつましい表現なのである」という結語は、印象的であった。

日本の稲作は、さきにあげた棚田のような施設の構築とその維持管理という基盤で支えられてきたが、他方ではよりよい品種の選択が農民自身によっておこなわれ、それが明治以降の農事試験場などの手に移って、より合理的に、病虫害に強く、風に倒れないもの、実ったとき脱粒しないもの、収量の多いもの、さらに米として美味なもの、という条件をつぎつぎクリアーする品種が誕生し普及してきた。こうしてソフト面での技術革新が進んだ。しかし、近代日本の農業技術は、労働力はいくらでもかけられるという、勤勉に依存するもの、いわゆる労働集約型であったことは否めない。そのために、農具はきわめて素朴なクワやスキに依存していて、牛馬による犂耕、収穫後の脱穀調整器具などにしか改良がなかった。それが省力化に転換して、耕作や田植え、収穫まで機械化が進むのは、第二次大戦後の高度経済成長時代をまたねばならなかった。

速水融氏のいうように、西欧の「産業革命」に対して、日本の近世は「勤勉革命」が進行した。それは権力者に「絞れば絞るほど取れる」と言わせたように、農民の肉体労働の上につくられていた。第二次大戦後でも、水田稲作は一〇アール当たり二一日の労働を要するとされてきた。それが現在では、わずか数時間に短縮されている。これはあきらかに機械化の成果である。(しかしその結果、わらの入手は困難になった。)また無機化学肥料や農薬の多用が、土地をやせさせ、残留農薬の害が家畜にまでおよぶようになる。そのために、有機農業への回帰、無農薬栽培の模索などがつづいているのが、稲作の現状であるといえよう。食糧政策の混乱が、米の過剰生産を招き、減反政策、作付制限を生んで、米生産農家は、過剰投資の負担に苦しんでいる側面も見逃せない。

さて、私のニューヨーク講演は、一二月二日、シンポジウム「アジアの米」のなかでおこなった。前日、スポンサーであるキッコーマンの食文化研究センター所長浜野光年博士が、ホテルに出迎えてくださった。当日は朝一〇時から開始。まずアルフォード、ドグゥイ夫妻の撮影したアジア各地の稲作風景のスライド上映。ヴェトナム、カンボジア、タイ、中国雲南省、ミャンマー、そしてバリ島の光景がつぎつぎ登場する。つづいて私の「日本の米と儀礼」という基調講演。

私は四〇年もまえに撮影した、宮城県栗駒町のスライドから、馬耕から自動耕耘機に移行している頃の稲作、苗代、田植え、収穫などを示し、〝山の神お精進〟という晩秋の儀式や、農閑期の結婚式におもむく花嫁さん、翌年の稲作のために堆肥つくりにはげむ若い夫婦などを写し、つづいて〝わら〟が〝ぞうり〟や〝わらじ〟、あるいは〝みの〟にはじまり、壁の材料、火鉢の灰、畳床など、生活資材としても重要だったことを示し、雨ごいや雨止めの儀礼にも用いられていることを紹介した。さらに、友人の松平誠さんから借りた、埼玉県鶴ケ島市につたわる、大きい竜を池に引き込む儀礼（もっとも材料は麦わらという）と、東京都大田区の厳正寺につたわる水止め祭りのスライドを見せた。ホラ貝を持った男（竜神）がなかに入ったわらの筒をころがして寺に進み、それを解くと筒は竜になって、舞台のまわりに飾られる。その舞台で、獅子舞が演じられるのだが、この様子はことに聴衆の興味を引いたようであった。

そのあと、香港の中文大学の人類学者陳志明教授の「中国文化の米」、ニコル・ルシアさんの「竜とスコータイの国の生命源・米」、質疑のあと、昼食をはさんでアンダーソン、ヴィハール夫妻による「神の食物・日本の供物」、ウエズレイアン大学のカレン・スマイヤー教授の「稲荷信仰における米の意味と利用法」、ヘブライ大学のニル・アヴェイリ氏の「シナ・ヴェトナム儀礼における、白米、緑米、黄米、赤米の役割」、エリザベス安藤さんの「日本の食卓の米」があり、質疑応答のあと、餅つきの実演があって終了した。カレン・スマイヤーさんは、日本で調査していた時いらいの再会で、旧交をあたためた。

まずまず、シンポジウムは成功したようである。ニューヨークに三泊したが、毎夜ごちそうになった夕食が、それぞれ別の日本料理店であった。私はニューヨークで、三日間、米のご飯を食べてきたのである。

第二章　海から見た日本列島

エビス神との出会い

四年前（一九九七）に、私は大手前大学（もとは大手前女子大学だった）に籍を置くことになった。この大学のキャンパスは、いま西宮市の夙川《しゅくがわ》と、伊丹市稲野になっているが、もとは夙川の文学部ひとつだった。昨二〇〇〇年から、二学部共学の体制になったばかりである。

西宮市には、十日戎《とおかえびす》で有名な西宮神社がある。都市祭礼の研究をつづけてきた私が来たというので、十日戎の研究もしてくださいという話になり、私もやってみようという気になった。エビス神との出会いである。神道国際学会から研究助成をいただいて、三年間、毎月のように研究会を続けてきた。厳島神社のある安芸の宮島も訪問した。

十日戎というのは、毎年正月十日に催される祭礼である。この日一日だけで、数十万の参拝者がある。同じ行事は、大阪の今宮戎神社、京都の戎神社など、各地で同日におこなわれている。祇園祭で知られる京都の八坂神社でも、二年前に境内の末社である蛭子《えびす》社が社殿の改修を機会に、十日戎をはじめている。

私は三度、正月十日に、西宮と大阪今宮のエビスさんにお参りしてきた。京都の戎社と蛭子さんにも二度参拝した。昨年は、西宮の開門神事にもつきあった。早朝六時に、居籠りの行事を終えた神社が門を開ける。まちかまえていた人達が競争で本殿に走る。先頭から三着までの人が福男になる。私たちの研究会に参加している、甲南大学の大学院生荒川祐己君が、数年にわたってその調査をして、論文を書いている。三つの都市のエビスさんは、それぞれ大変な人出であるが、すこしずつ雰囲気がちがうのが面白かった。

謎の多いエビス神

エビスは恵比寿、恵比須、恵美須、戎などといろいろ書く。私のワープロでは、他にも夷、胡、蛮、狄、羌、蠻、という字が並んでいる。ともかく、エビスさんは関西を中心とする庶民の福神である。

よく〝えびす・だいこく〟とペアでよばれるが、ほかに五柱の神様をふくめて、七福神とよばれている。七福神は、ふつう恵比寿・大黒・福禄寿《ふくろくじゅ》・寿老人《じゅろうじん》・毘沙門《びしゃもん》・弁財天《べんざいてん》・布袋《ほてい》である。おもしろいことに、そのルーツはエビス以外はすべて中国ないしインド―むしろ古風に唐天竺《からてんじく》といったほうがよいかもしれない―に求めることができる。大黒さんは大黒天―仏教の天部の神様である。同様に毘沙門天、弁財天も天部の神様である。福禄寿、寿老人・布袋は中国起源の道教的な神々である。

ただし、大黒は日本の出雲神話の大国主命（オオクニヌシノミコト）と重なり合っているところもある。大黒と大国の音が同じだからであろう。エビスさんの御影像（神像）は、釣りさおをもち、鯛をかかえた姿がよく知られている。これは出雲の神、大国主命の子である事代主命（コトシロヌシノミコト）のイメージであろう。

なぜ、エビスだけが日本の神なのだろう。神話の中に登場する蛭子は、国生み神話のなかで伊弉諾尊《イザナギ》と伊弉冊尊《イザナミ》の間に誕生するが、未熟児ないし身体障害児だったので、葦船に載せて海原に流し捨てた。その蛭子が西宮の浜に漂着したのを祀《まつ》ったのが、西宮神社であるとされている。

ところが、西宮神社の格式はおなじ西宮にある広田神社の末社であるとされている。海の神とされているが、海神には、ワタツミノカミと呼ばれる綿津見三神（上綿津見神、中綿津見神、底綿津見神）や、住吉三神（上筒男命、中筒男命、底筒男命）のほうがはるかに神格が高い。

これは、明治維新で明治国家が神道を国教にするために神仏分離令を発布し、神社を官幣社、国幣社などに格づけをおこなった時に、「延喜式」などに基づいて古来から祀られている天神地祇を重視し、それに天皇家との親疎を基準として格式を決めたことに由来する。

たとえば住吉大社が官幣大社、神戸市の海神社（綿津見三神を祀る）は官幣中社というように格式が高い。ところが、西宮神社は県社にすぎない。他のエビスを祀る神社も無格社や村社のままである。民衆に人気のある神社が国の格づけでは低いのは、各地の天満宮でもいえることであるが、エビスさんはとくにひどい。

福神信仰そのものが、室町以降に一般化した流行神の性格が強いといわれる。去る二〇〇〇年二月一〇日に他界した宮田登氏は、ミロク神の信仰を軸に、江戸期の福神信仰の研究者であったが、寄り神、漂着神というルーツは述べるものの、他の外来神に対してなぜ唯一の土着神、いわば〝自国産〟の神がエビスと呼ばれるのかについては答えていない。

なぜ、七福神のなかで唯一の日本の神であるエビス神の格が低いのであろうか。

そのほか、さまざまな疑問が、えびす信仰を探っているうちにおこってくる。

海の漁師は、水死体のことをエビスといい、それが見つかると豊漁だというそうだ。鯨や鮫をエビスというところもあり、海中の小石を拾ってエビスとして祀ったり、あるいは鮭をエビスとしたりするところもあるという。謎はまだまだつきない。

さらに全国の農村のエビス講が、たいてい秋から冬にかけて営まれているのに、西宮や今宮のエビスが正月行事を中心にしているのも、不思議である。

「エビスたちの列島」

それで、宮本常一先生（一九〇七～一九八一）の遺稿のなかの、「エビスたちの列島」（一九八一）を読み返した。先生は、最後の入院のときに、二千枚の原稿用紙を持ち込んでいたと、長男の宮本千晴さんが遺稿『日本文化の形成』（そしえて　一九八一）のあとがきに書いている。しかしその志を遺したまま先生はなくなられ、講演筆記がのこされた。それがこの遺稿であった。はじめ〝そしえて〟から出版され、のち一部が「ちくま学芸文庫」（その後、二〇〇五年に講談社学術文庫となる。編集部注記）に収まっている。

宮本先生はその学位論文『瀬戸内海の研究』（未来社　一九六五）をはじめ、海について沢山の本を書いている。エビスについての説は、『海に生きる人びと』（未来社「日本民衆史」第3に収録。一九六四）では、「エビスという名は古く夷と書いているのであるから日本人以外の民族をさしているものと考えられ、夷神も日本人以外の祭った神であったかもわからない。」（宮本前掲書、一九六四。一一〇頁）となっていた。ところがその遺稿「エビスたちの列島」では、エビス神を「日本人以外の祭った神」という説を捨てて、列島の原住民の神と見ているのである。

エビスはもともとエミシ（蝦夷）で、古代史上の人物に蘇我蝦夷、蘇我豊浦毛人、佐伯今毛人、小野毛人などが登場する。毛人をエミシと読ませている。身分の高い人でエミシと名乗るのは卑称ではなかった。毛深い人が畏敬の念を持って見られ、尊敬もされていたのではないかという。

本来、日本列島には、毛深い毛人《エミシ》が住んでいた。そこへ、朝鮮半島を経由して多くの人が渡来し、国土統一に大きな役割を果たした。その貧毛だった人々は多毛な人々がたくましく見えたのだろう。いわば原住民《（ママ）》であった毛人は、狩猟や漁撈が生活手段であった。「海岸に住む者にとっては、貝や魚は重要な食糧資源であった。そして、それをとろうとするためには、獲物の豊富なところを目指して移動することが多かったと思われる。」（宮本常一著作集38、未来社　一九九四。一三頁）という。

縄文時代はおよそ一万年、弥生式土器の発達はおよそ二三〇〇年前といわれるから、縄文時代は七八〇〇年続いたことになる。二五歳を一世代とすると、三一二世代。その長い時間をかけて人々は移動したのだ、と宮本先生は説いている。

栗駒町の話

遺稿には、宮城県栗駒町のダムの湖底に沈んだ玉山という集落の例が紹介されている。

栗駒には思い出がある。私はまだ大学院に在籍中に、そこで一年ほど滞在したのだ。それも宮本先生の紹介で、栗駒町の沼倉に住み込んだ。はじめての文化人類学のフィールドワークであった。そのために、私にとって栗駒は、なつかしい地名である。

先生はこの地方では、北から人々が移住して定着してゆく動きがあったという。私も、沼倉のある集落の同族団を知り、その本家の屋根葺きの作業をのぞいたりした。その一三戸の同族団の、順位ではナンバー二《ツウ》にあたる分家の姓が違うのに気づいた。理由を聞くともとの当主が仙台に出てしまって、そのあとへ北の隣村（岩手県）から別の人が移住してきて、ナンバー二の地位におさまっているということだった。だから、宮本先生のこの説はうなずける。先生はこういう住民の交替が、東北ではよくあるということを、青森県三戸や下北半島の例を挙げて話している。反対に天明の飢饉で無人になった集落に南から移住してきてイワシを獲りその油としめ粕を売って生活する人があったそうだ。イセキ（遺跡？）を継ぐというそうだ。空家、絶株になったあとをついだものである。「家は古いが血のつながった子孫ではない」という例は、秋田にも少なくない。元禄時代以降は寺の過去帳からたどることができるが実際は三百年続いている家は少ない。絶えた跡に別の家の人が継いでいるのが多い。東北地方の沿岸には鹿島系の神社が多いがこれは常陸の鹿島神宮を信仰する人の北上を物語るものだろう。また熊野神社はもっと濃い分布をみるが、これは南方系の来住者だという伝承を持っている者に対応する。

縄文土器と国譲り

もうすこし、宮本先生の説をたどってみよう。

鹿島系の神社は「延喜式」にも八社にのぼっている。蝦夷地《えぞち》平定に関係があるだろうが、移動は環流的におこなわれたようだ。縄文早期の尖底土器の分布は全国的であるが、北海道では平底土器がそれ以前に発見されている。これも移動を物語る。長野県以東は条痕・沈線の紋様が多く、以西は押型紋が多いが、関東、中部で東北型と入り交じっている。相互影響があったとみなしてよいだろう。

なぜ尖底土器をもったのだろう。おそらくものを煮るためである。魚肉や獣肉は焼いて食べられるが、土器は貝を煮るためのものだった。縄文人は貝塚を多く残している。その他、野生果殻類や草本・木本の植物性の食材も豊富な海草も煮る必要があった。以下、縄文時代の食生活についての研究の紹介があり、縄文時代には東北日本の方が人口は多かった。強い蝦夷のイメージは記紀に登場するが、それがエビスだったといえる。またこのように農耕につかない人々すなわちエビスは東北地方だけではない。西南日本にもいた。記紀神話の国譲り、すなわち天照大神が孫ニニギノミコトを高天原から日本に下すまえに、タケミカヅチ・フツヌシの二神を出雲に遣《や》って大国主命に告げると、オオクニヌシは子の事代主命に聞いてほしいという。その時コトシロヌシは美保の岬で釣りをしていたが、使いを遣って尋ねたところ「今天神の勅があり、父も私も従います」と言って海中に籬《かき》（八重蒼柴垣）を作ってそれにかくれてしまった。「この、コトシロヌシを後世の人はエビス神として祀っている。とくにこれを祀っているのは古くは漁民仲間が多い。そして漁民たちはすでに日本の沿岸に多数住みついており、漁民もまたエビスであった。そして西南日本のエビスも天孫に国をゆずっているのだから、天孫民族とは別で、それ以前からこの国にいたことになるが、この方はその統率者が神にまつられているのである。おそらく大和朝廷に服従したからであろうか。」（宮本常一著作集38、未来社　一九九四。二七頁）

コトシロヌシ

コトシロヌシという神は、奈良県の山中にも古くまつられていた。「延喜式」には大和葛上郡にカモツミハヤエコトシロヌシノミコトが祀られている。ここは現在の葛城郡で、鴨という一族が住んでいた。のちに山城に移って賀茂と書くようになるが、カモをはじめとする鳥類を捕らえる狩猟民であった。その祀る神にコトシロヌシがあり、土地の人は今日エビス神として祀っている。「このことから考えあわせてみると、古くから日本列島に住んでいて、狩猟や漁撈にしたがっている人びとがエビスとよばれたのではなかったかと思う。そうして、その後に日本列島を統一し支配した民族とよく接触したエビスたちは自分たちの統率者を神としてまつったが、大和朝廷の支配者たちと比較的接触の少なかった東北のエビスたちは、エビスという言葉が、未開を意味するようにとられるにいたったのであろう。」(宮本前掲書、一九九四。二八頁)

事代主命をエビスと呼ぶようになった時期は不明だが、単に漁民の神だけではなかったようで、「延喜式」神祇九には宮中神三六座中の御巫八座のなかに事代主神があるから、早くから宮中でも祀られるようになっていたのがわかる。また同時に狩猟神としても祀られていたのではないか。東日本では、貝類やイノシシ、シカ、カモシカ、クマなどを獲るが、西日本では鳥類をとることが多かったようだ。弓を用いるが、また網を張って獲る。川で網を張れば魚をとることもできる。「このように狩猟にしたがう者も、縄文文化の流れを汲む人びとであったと考えるが、これらの仲間は比較的早く大和朝廷が成立させた農耕文化のなかに繰り入れられたのではなかろうか。そしてこのようなエビスたちは鴨部とよばれるようになり、鴨を神としてまつったのではないかと考える」(宮本前掲書、一九九四。二九頁)として、先生は「延喜式」の鴨、賀茂などの名のつく神社と、鴨、鴨部、賀茂を郷名とする場所の一覧を掲げている。関東に二社と一郷、中部に六社と三郷、近畿に一一社と三郷、中国に四社と九郷、四国に三社と五郷である。東北と九州にないのは、「これは渡り鳥と深い関係があるように思われる。鳥の渡りの多いのは関東、中部、近畿、中国である。次にカモ神社、カモ郷は海からはなれたところに多いが、西日本へゆくと海岸にもおおくみられるようになる。あるいはこれは狩猟を主としていたものが漁撈をおこなうようになったためかとも考える。そして西日本では海人部も多くなっている。」（宮本前掲書、一九九四。三一頁）

捕鳥を主とする部民には鳥養部（鳥飼部）があった。早く土着していた者を記紀では国樔、土蜘蛛と呼んだ、「豊後風土記」「肥前風土記」にはいたるところに土蜘蛛がいたというが、これは海人とおなじものではなかったか。「言いかえると、日本列島は古くはエビスや土蜘蛛たちの世界であり、土蜘蛛もまたみずからをエビスとして意識し、そのまつる神をエビス神とよんだものであろう。もとよりこれは一つの仮説にすぎないのであるが、縄文の土器を作らなくなっても縄文式の生産・生活様式はなお持続されていたものであろう。」（宮本前掲書、一九九四。三二頁）

国家統一以前からの日本列島の先住民そのものがエビスであった。そのエビスたちが祀った神がエビス神だという視点は、エビス神の疑問を解決するいとぐちになる。海神という性格もそれで理解できる。

ブローデル『地中海』シンポジウム

「(日本列島は)三七〇〇以上の島があり、二万八千キロメートルの海岸線を持っている。山地が六〇パーセント、低地・台地は二五パーセントという地形にすぎない。以前はこの二五パーセントよりもはるかに狭かった。」(川勝平太編『海から見た歴史—ブローデル『地中海』を読む』より、網野の発言。藤原書店　一九九六。一七九頁)

これは網野善彦さんが、フェルナン・ブローデル『地中海』(原題「フェリペ二世時代の地中海と地中海世界」藤原書店　一九九六)の翻訳完成を記念したシンポジウム「ブローデル『地中海』を読む」(参加者は以下の通り。川勝・網野、石井米雄、イマニュエル・ウォーラーステイン、鈴木董、二宮宏之、浜下武志、家島彦一、山内昌之の諸氏)」での発言(大意)である。

網野さんは、名著『無縁・公界・楽』(平凡社選書、一九七八)をはじめ、『日本中世の民衆像』(岩波新書　一九八〇)、『東と西の語る日本の歴史』(そしえて　一九八二)、このテーマは宮本先生から譲られたものと網野さん自身が述べている。『日本の歴史をよみなおす』(筑摩書房　一九九一)、『日本社会の歴史』(岩波新書、上・中・下　一九九七)、など精力的に中世を主とした研究をすすめている歴史家である。『「日本」とは何か』(講談社　二〇〇〇)は、その集大成といえるだろう。つぎつぎに新しい視点を提供して、私たちの自己認識に修正をせまっている。

日本が海とかかわりのない生活をしていたはずはない。しかし、それにもかかわらず日本歴史は、伝統的歴史の陸地中心史観にとらわれて、海は二次的に扱われてしまってきている。それを網野さんは「農本主義」の見方とよぶ。

近海でのできごと、一衣帯水の近隣の国々のことにも配慮しないまま、万事が本州・四国・九州・北海道をはじめとする、島々内部の問題を優先させてしまっている。記紀の時代以来、あふれるような歴史記録がある。またそれが、文学としてもうけつがれている。その情報をまえにして、私たちは列島内部のことにせいいっぱいで、とても海の外にまで目がとどかなかった、ということもあるだろう。しかし、それにしても日本列島だけがあるような、島国的発想におちいりやすかったのはなぜだろう。

これはひとつには、明治時代の国民文化形成の一環として、国史（日本史）という独自の学問分野を、帝国大学の権威のもとに作り出し、今もその伝統は続いていることにあるようだ。明治時代、西欧の学問に接触し、導入したとき、その「世界史」はどこまでも西洋中心のものであった。たとえば、レオポルド・フォン・ランケ（一七九五～一八八六）の『世界史概観―近世史の諸時代』（一八五四）があるが、ランケの弟子のルートヴィッヒ・リース（一八六一～一九二八）が帝国大学で「世界史」を一五年も教えていた。日本はそれに対抗する独自の歴史を必要とした。近代国家を建設するため、その基礎になる日本国民文化をつくるためには、日本独自の歴史を構築することが必要だったのである。そのような国民国家主義の動きの結果であったことは、いままでは明らかであるといえよう。〝国史学〟が正式に帝国大学の講座となり、権威づけがおこなわれ、東洋史、西洋史と並ぶタコ壺的基礎ができたという。その伝統は、なお続いているようである。このへんの消息は、このシンポジウムの司会者である川勝平太さんが、この編著のプロローグで触れている。（川勝平太編『海から見た歴史』（藤原書店　一九九六。一二―三頁および『文明の海洋史観』中公叢書、一九九七。五七頁）

さて網野善彦さんは、このシンポジウムで、海から日本列島を見直すことに賛意を表して、七世紀末からの〝日本国〟の誕生と、その農本主義・陸上主義を指摘する。〝その範図を八世紀には東北、九州にひろげたが、一二世紀までは東北北部はまだ支配下ではなかった。一九世紀になって北海道のアイヌと琉球を併合した。しかしこの陸上主義が実際には八世紀の奈良時代の百年と、明治以後、敗戦までの八〇年ぐらいで、陸上交通が交通体系の中心だったのは千三百年のうち十分の一にすぎないという。九世紀からは海と川の交通にもどり、一一、一二世紀には大陸から大量の青磁や銭貨が持ち込まれる。一三世紀後半以降には銭が社会に浸透する。その頃から一五・一六世紀にかけて、〝重商主義〟になり、「港湾の都市のネットワーク、あるいは廻船人のネットワークは、日本列島全域におよんで形成されており、それは列島外にもまちがいなくつながっています。」（網野の発言。川勝平太編の前掲書より。一九九六。一八六頁）という。

一七世紀、政治の建前がふたたび農本主義になり〝鎖国〟体制ができるが、じつはこの近世社会は「川勝さんが経済社会と言われたとおりの社会であり、私はそれを一三世紀後半以降にまでひきあげてもよいと思います。一四世紀以降の日本の社会は経済社会であり、資本主義はそこから考えなくてはならないと、最近は思っているのです。そういう意味で、経済社会はまさしく近世に成熟期に入ります。建前は農本主義でありますが、きわめて都市的な社会なのです。」（川勝平太編の前掲書より。網野の発言。一九九六。一八六―七頁）という。

近代世界システム

『海から見た歴史』（藤原書店　一九九六）の司会者の川勝平太さんは、一六世紀〜一九世紀に西ヨーロッパに「近代世界システム」が、また日本には「鎖国システム」という二つの〝経済社会〟が成立したと述べた。このことは後で詳しく紹介するが、網野さんの発言は、それを受けてのものである。

江戸時代には公式の貿易ルートとして①薩摩→琉球→東南アジア・中国、②対馬→朝鮮→中国、③長崎→中国・ヨーロッパ、④松前→アイヌ→北東アジア、という四つのルートが存在していたことを、網野さんはここで指摘する。しかし近代に入って、軍事的帝国主義的な理由から日本は陸上・農本主義国家へ回帰したという。

「こう考えてきますと、日本列島の社会は、全体として見ますと、けっして農業的要素が支配的だったわけではなく、アジアの地域のなかで、歴史的に見ると、農業社会としてよりも、むしろ非農業的な生業、貿易や交易を活発にやってきた社会である、と考えたほうが事実に即していると私は思っております。これは琉球とかアイヌについてはすでに言われていることでございますが、日本列島人全体が、東アジア―北東アジア、東南アジアまでふくむ世界のなかで、交易を活発に行ない、それに依存して生活をしてきた人びとである、と言ってよいと思います。ところが農本主義あるいは陸上主義的な国家がそこに生まれたとき、日本列島人の社会は著しく侵略的な性格を示すようになる。歴史の流れを考えてみますと、だいたいこういう筋道になってくるように思います。」（網野の発言。前掲書より。一九九六。一八八―九頁）

一五七一年の意味：『地中海』について

フェルナン・ブローデルの『地中海』（全五分冊、浜名優美訳、藤原書店　一九九一―六）は、長い間〝イスラームの海〟であった地中海が、ローマ教皇庁・スペイン・ヴェネツィアの連合艦隊が、オスマン・トルコの艦隊と戦ったレパントの海戦がクライマックスになっている。私たちもブローデルをまつまでもなく、すでに塩野七生の『レパントの海戦』（新潮社　一九八七）で、その経緯をよく知っている。一五七一年のこの海戦によって、キリスト教の側に属する連合艦隊が、イスラームの支配者であったオスマン帝国に勝った。イスラームの海をとりもどしたとされている。しかし、じつは、一五七四年にオスマン側がチュニスでの支配権を最終的に確立したことで、おわりをつげたという。「イスラームの海」は健在だった。しかし、グローバルな交易の開始とその舞台が大西洋に移ったことともなって、「イスラームの海」のかがやきは一七世紀に入って、地中海そのものの地盤沈下で、うしなわれていったという。（鈴木董の基調報告。「ブローデルの『地中海』と「イスラムの海」としての地中海の視点」、川勝平太編『海から見た歴史』、藤原書店　一九九六。六六頁）

すこし脱線するが、じつは一五七一年は日本では元亀二年、織田信長が比叡山を焼打ちした年である。私はこの事件を、日本人の宗教ばなれの起点として象徴的な事件だと思っている。比叡山は都の東北鬼門の地で、最澄によって建立された天台宗の寺院であるが、また教学の中心であり、鎌倉仏教の祖師たち、法然、親鸞、一遍、道元、栄西、日蓮などが、そこで学んでいるのである。それが破壊され焼失したこと—京の町からはよく見えたにちがいない—は、人びとに神も仏もあるものかという絶望感をあたえ、それまでの生涯を宗教的な枠組みで生きていた人びとの意識を変えたにちがいないと思うのである。イゴナイと覚えればいいと、人にも話している。さきのシンポジウムの文脈でいえば、西でオスマン帝国とハプスブルク帝国の紛争のひとつのクライマックスに対して、東では天下統一の激しい戦いがつづいていたといえよう。

むかし樋口敬二教授（氷河学者、名古屋大学）に教わったことであるが、地球儀のうえでイースター島あたりを中心にしてみると、五大陸はほとんど姿を消し、広大な海洋が広がっている。それを海半球というそうだ。海半球はマリノウスキーの「西太平洋の航海者たち」の舞台であり、ヘイエルダールの「キャプテン・コンチキ」の世界であった。

陸地史観は、ひとり日本の場合だけではない。大航海時代以来の西欧の人々の大活躍が海半球で開始されるまで、地球上では陸上の覇権争奪がくりかえされ、アレキサンダーの帝国、ローマ帝国、秦漢帝国、一三世紀に入ってジンギスカンやフビライカンの活躍があり、やがてブローデルの描く地中海のような状況を作りあげてきているのである。

梅棹忠夫『文明の生態史観』（初出は「文明の生態史観序説」、『中央公論』一九五七年二月号、後に「中公叢書」となる。中央公論社）は、この陸地のダイナミズムを的確に描き出したすばらしい文明論である。理想大陸という地球科学的モデルによって、ユーラシア大陸を描き、東北から西南にかけて走る乾燥地帯とその周辺部にうまれた四つの第二地域の古代文明（メソポタミア、インダス、黄河、そしてドン・ドニエプルの流域）とその発展したオスマン・イスラーム世界、ムガール・インド世界、清・中国世界、ロシア帝国のロシア世界を位置づけ、その両側に日本と西ヨーロッパ諸

ユーラシア

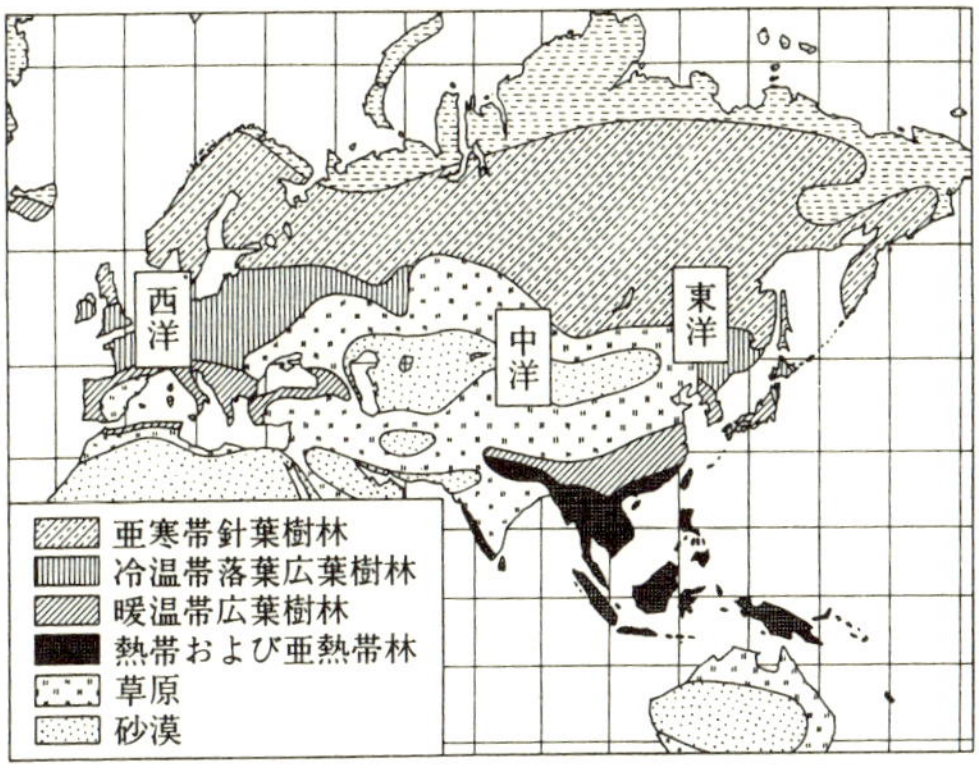

中洋の発見（原図は吉良龍夫「世界の大生態系分布図」1971より）

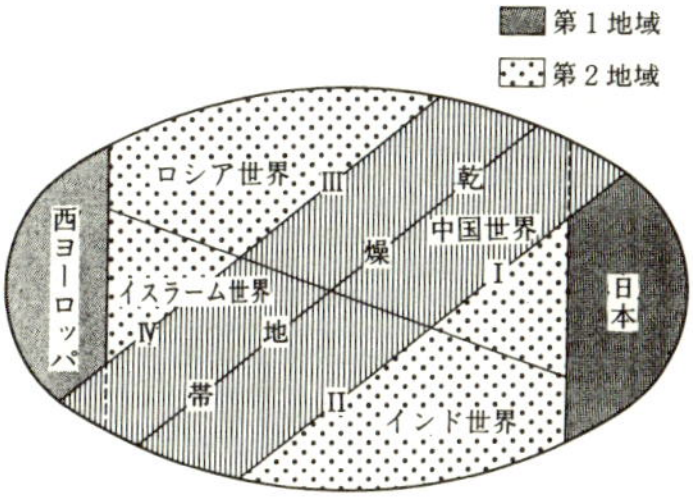

図1

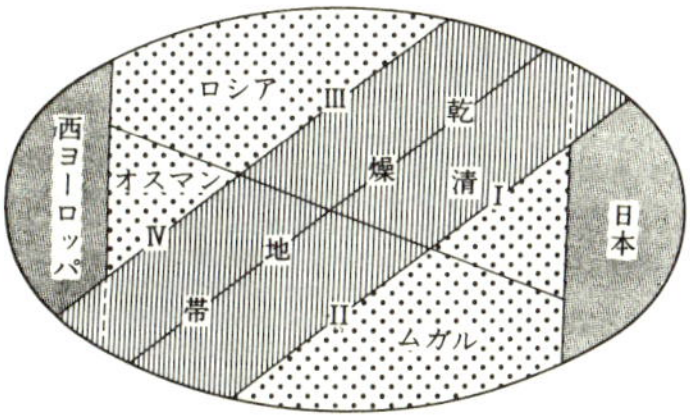

図2

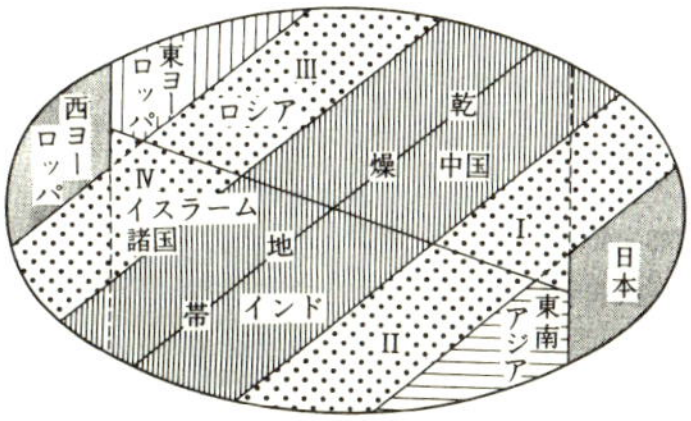

図3

梅棹忠夫の理論モデル（「文明の生態史観序説」『中央公論』1957年2月号）、およびモデル修正図（「東南アジアの旅から」『中央公論』1958年8月号より）

国という第一地域を置く。そして、日本の南に東南アジアを、西ヨーロッパの北に東ヨーロッパを加えて、楕円を完結させているものである。

それに対して、川勝平太さんは、『文明の海洋史観』（中公叢書、中央公論社　一九九七）を著して、その立場を鮮明にうちだした。さきほどから引用してきたシンポジウムは、川勝さんの司会によるもので、川勝平太編『海から見た歴史』（藤原書店　一九九六）として編集されている。

早稲田大学を出て、オクスフォード大学で英国経済史で学位をとった川勝平太さんは、母校の教壇に立っていたのだが、同僚とともに購入を念願していた『英国議会資料』が国立民族学博物館の地域研究企画交流センターに、ある篤志家の力で入ってしまったので、その資料につき従うようにして国際日本文化研究センターに移ってしまった人である。その『富国有徳論』は、小渕前首相が愛読、活用しようとしていたという。

『文明の海洋史観』は明快な論理構成を持つ点で『文明の生態史観』と肩をならべる。その序「新しい歴史像を求めて」はまず、次のように書きはじめられている。

「近代はアジアの海から誕生した。より正確にいえば、海洋アジアからのインパクトに対するレスポンスとして、日本とヨーロッパに新しい文明が出現した――これが本書を貫く海洋史観のテーゼである。

近代社会への歩みは、通常、農業社会から工業社会へという観点からとらえられている。（中略）これはごく常識的な歴史の見方であり、反論の余地もないかにみえる。イギリスが最初の産業革命を経験し、欧米がそれに続き、日本は明治時代にその後塵を拝し、アジア諸国はそのさらに後を追って現代に至っているという見方である。本書はこの常識に挑戦する。」（川勝平太『文明の海洋史観』中公叢書　一九九七。三─四頁）

そこでまず、アメリカの社会経済史家イマニュエル・ウォーラーステインの『近代世界システム』が紹介される。

世界システムは古代ローマ帝国、漢帝国など数多く存在したが、いずれも政治中心の世界システムであった。しかし、ヨーロッパに出現したのは、経済中心の世界システムであった。それをウォーラーステインは「近代世界システム」とよんだ。

国別ではなく、欧米を一つの地域と見ようとしている。そして彼はこのシステムが「長期の一六世紀（一四五〇〜一六四〇頃）」に成立したと見る。そして「大西洋を囲む地域に西ヨーロッパを中核、その他の地域を周辺、半周辺という三層構造に編成して成立した」としている。（川勝前掲書。一九九七。四頁）

日本の「長期の一六世紀」一四五〇〜一六四〇を見ると、応仁の乱（一四六七〜七七）から、織豊政権、文禄の役（一五九二）、慶長の役（一五九七）、関ケ原（一六〇〇）、江戸幕府開府（一六〇三）、島原の乱（一六三七）、鎖国（一六三九）の時期である。

ちなみに、この「長期の一六世紀」という考えは、一九八四年三月に国立民族学博物館で開催された国際シンポジウム「都市と都市化の比較文明学」で、ヘンリー・スミス教授（カリフォルニア大学サンタバーバラ校）によって紹介されている。スミスさんは「京に田舎あり」というスマートなテーマで、日本と英国の都市化の比較をおこなっているが、そこで「ロング一六世紀」という言葉でこのブローデルのアイデアを用いた。このシンポジウムの推進の役を果たした守屋毅さんは、日本の場合は「ロング一七世紀」で考えた方が適切だとコメントしていて、スミスさんも「そうかもしれません。日本の場合、ヨーロッパより遅くおわっただけではなく、もう少し遅く始まったとみてもいいと思います。織田信長が京都に入った一五六八年を出発点と見てもいいですね。」とこたえている。（梅棹忠夫・守屋毅編『都市化の文明学』中央公論　一九八五。二九四頁）

ともかく、江戸社会と近代世界システムは平行的に成立した。その成立期には、どちらも海外に雄飛していた。ヨーロッパは大航海時代であり、日本も南蛮に進出していた。ともに海洋アジアを舞台として共有していたのである。その結果、それぞれの社会は変貌した。しかし、その後の道程が異なった方向をとった。

日本とヨーロッパの共通点は、つぎのようなものである：

①　ともに中世末までは旧アジア文明の周辺で、後進地域であり、文物を中心文明から輸入して貿易赤字をもっていた。一八世紀いっぱいそれは解消しない。

②　ともに、一九世紀にそれを解消して自給自足を達成した。ヨーロッパはヨーロッパ・アフリカ・アメリカを三角貿易で結ぶ大西洋経済圏という海洋自給圏を形成。日本は国内での陸地自給圏を形成。

③　ともに赤字解消のために生産革命をとげた。ヨーロッパは産業革命 industrial revolution により、日本は（速水融のいう）勤勉革命 industrious revolution によってである。産業革命は資本集約・労働節約型の生産革命であり、勤勉革命は資本節約・労働集約型の生産革命であった。

④　ともに旧アジア文明圏に物産の供給をあおぐ依存状態から脱して、政治・経済・文化の面でアジア文明圏から離脱し、自立をとげた。脱亜文明というべきだろう。

他方、その相違点にはつぎのようなものがある：

①　ヨーロッパの購買力の供給地が海の彼方のアメリカ大陸にあった。日本は国内にあった。ヨーロッパは海の向こうの広大な土地を不可欠の構成要素としたので、人口は相対的に稀少となる。日本は土地が狭く、人口も多い。経済活動の生産要素は土地、労働、資本であるが、アジアと関係をもったときの土地と労働のありかたが対照的。

②　ヨーロッパは人口稀少なので、資本集約的方法で労働の生産性を上げた。日本は徹底的に資本節約し労働を多投した。牧場を田畑に変えたので、牛馬数が激減した例がある（速水融の研究）。ヨーロッパでは労働生産力の革命、日本は土地生産力の革命。土地の生産性は幕末世界一になった。

③　ともにアジアから離脱したが、ヨーロッパの相手は環インド洋のアジア。日本は環シナ海のアジアであった。

脱亜の相手の違いは世界観に現れている。近代世界システムは世界秩序を「戦争と平和」という観点から構想する。これはイスラームの世界観に由来する。グロチウス『戦争と平和の法』(一六二五)から、それをもとにウエストファリア条約が結ばれ、後に主権国家体制になり、国家が交戦権を主権の一つとしてもつことが正当化、とどまるところのない軍拡路線をつっぱしる。近世江戸社会は修身斉家治国平天下の世界秩序観。明の華夷秩序で、軍縮にすすみ、一五四三年鉄砲伝来で世界最大の火縄銃生産・使用国になったが、江戸社会では刀に逆戻り。華夷は文明と野蛮。そのためヨーロッパでは覇権主義パワー・ポリティクスが、日本では徳治主義モラル・ポリティクスが発達した。

④　天然資源に対する態度の違い。フロンティアの存在を自明とする近世ヨーロッパには資源の稀少性の考えがなかった。一九世紀末になって〝限界革命〟の新価格理論が誕生する。しかし価格機構の楽観的信頼があり危機意識がない。それで資源浪費型の経済システムになる。勤勉革命は資本を節約し、資源をリサイクルすることに工夫をこらす。

「近世江戸社会と近代世界システムとは、人類史上、生産革命によって、経済社会を形成して脱亜を遂げたという点において、対等の文明史的意義を有するものである。だがこれまではもっぱら後者の文明史的達成が重んじられて、外向き志向の性格と相俟ってそれは世界大に拡大した。」(川勝前掲書。一九九七。一〇頁)

そして日本は富国強兵の欧米をまねて、近代化を達成した。しかし近代世界システムには、その落とし子である核の脅威、南北格差、環境破壊、難民、人種差別、民族紛争などを解決する処方箋はない。日本は自国の歴史の遺産を正当に評価し、これらの問題解決に貢献しなければならない。限界のある地球を自覚して、〝鎖国〟の知恵を生かすべきだと主張する。

起承転結

川勝は、こういう序章をふまえて、起承転結のはっきりした四つの章がつづく。

まず起之章は「鎖国」と近代世界システム。英国留学の経験を生かした鎖国論で、鎖国の評価をひろく展望し、森嶋通夫教授の鎖国解釈を批判しながら、日本の鎖国と近代世界システムの平行現象と相違を論じ、最後に有限の資源をもつ地球の認識において〝鎖国〟の発想がフロンティア開拓＝自然破壊を善とし、弱肉強食、優勝劣敗、ダーウィン流の近代世界システムの世界観に対して、今西錦司の〝棲み分け〟原理―全体のなかでの調和の理念を指摘する。

つぎの承之章「歴史観について」は、まず唯物史観。ダーウィンとマルクスの交流などの消息も紹介される。そして生態史観。京都学派の戦後として、シンボル的存在であった哲学者西田幾多郎（一八七〇―一九四五）と、その弟子三木清（一八九七―一九四五）の愉快な紹介がある。そして「生と死」という「西田哲学の追究した存在の問題を、『死』の常在という危機意識をもってうけとめれば悲劇的性格が強まるだろう。一方、永劫の「生」という生命賛歌ととれば楽天主義となるであろう。その二面性のうち、戦前において、危機意識を代表したのは三木清であり、楽天主義のほうは戦後に中心的役割を演じた今西錦司である。二人は同世代であるが、戦後の京都学派を特徴づけたのは、まちがいなく、楽天主義である。悲劇的な知は、三木の文字通り悲劇的死によって消えた。これは象徴的である。戦後の京都学派からは、デモーニッシュな情念、生への意志、死・宗教との融和といった性向は消失した。悲劇性の跡を絶ったことが、戦後の京都学派の悲劇といえよう。サルとの共感に真顔で打ち込む学者を世間はそこばくの尊敬の念とともに、無心の笑いを誘う観劇気分で、うち眺めていた。戦後の京都学派には乾いた楽天性がある。そこから明るい性格を持った堂々たる現状肯定が出てくる。人文学での代表は梅棹忠夫（一九二〇―）であろう。梅棹は戦後すぐに〝旭日昇天教〟をとなえた。これほどの楽観主義を他にさがすのはむつかしい。完全なる現状肯定は虚無（ニヒリズム）に通じているが、それとすれすれの現状容認の姿勢が戦後の京都学派の一大特徴をなす。それは現状否定の姿勢をとってきたマルクス主義の対極をなすものである。」（川勝前掲書。一九九七。九五頁）

ついで「近代日本を支配した世界観」として東京学派―そのようなものはないと言われるならば進歩的知識人の牙城ないし「東大アカデミズム」と言いかえれば存在感が出るだろう（川勝前掲書。一九九七。九〇頁）―の唯物史観をあげ、一線的発展段階説はマルクス自身の構想でなかったし、マルクスの理論は西ヨーロッパを対象としていて、「ヨーロッパの地平からみはるかす東の地はおしなべて東洋であり、マルクス主義者は、東洋を〝アジア的生産様式〟一色にぬりつぶし、ヨーロッパをきわだたせる遠近法の遠景に沈めたのである。この遠近法からの脱却、それが真の意味での自己認識である」という。（川勝前掲書。一九九七。一〇〇―一〇一頁）

つづいて京都学派の認識論に空間があること、それは梅棹の生態史観、今西の多極相論、さらに西田の場の論理にかかわっている。近代西洋とその変電所であった東大アカデミズムが「存在と時間」の、京都学派には「存在と空間」の認識論があるという。

ついで今西学派の紹介。ここで川勝は今西の「プロトアイデンティティ」の概念をとりあげ、この形而上学的概念が〝棲み分け〟理論と相即して先験的感性（カント）に対応するものとする。今西生物学は物理学に匹敵する構成をそなえていると評価している。それが競争原理に対する共存原理としての立場を明確にする。とはいえ、人類は種への帰属意識を持っているかどうか、その問題が残る。人類の存在は棲み分けと矛盾する。「生物の進化三十二億年を眺望する広大な射程をもつにもかかわらず、人類の文明段階の入口のところまでしかとどいていないと総括できよう。」（川勝前掲書。一九九七。一二〇頁）

今西学派の文明論は多彩であり、川勝はそのいくつかの例示にとどめ、あと西田、今西の論理のコペルニクス的転回を論じ、西田の「場所」、今西の「棲み分け」、そして三木の「現実」を比較し、三木哲学が「形の哲学」として完成するはずだったが、それは未完におわったとする。

さて、転之章にいたって、いよいよ本番の文明の海洋史観にいたる。ここまではいわばこの章の長い序曲であったともいえる。

ブローデル『地中海』の邦訳完成にふれながら、川勝は、戦後日本の歴史観は陸地史観であった。その代表は唯物史観と生態史観である。とまず述べ、「大塚史学」と梅棹「生態史観」を検討する。とくに梅棹文明地図とよぶ生態史観で示された図を検討し、その修正をせまる。

ついで「ヨーロッパ史の海洋的パラダイム」では、ヘロドトス『歴史』、アンリ・ピレンヌ『マホメットとシャルルマーニュ』（一九三二）、そしてブローデルの『地中海』を挙げて、古代、中世、近世の画期に海の役割が決定的であったこと、ヨーロッパを理解するには、ヨーロッパとイスラームの海洋支配の拮抗の舞台としての文明空間として捉えられること、「西洋史」は「東洋史」「日本史」とことなる文明空間であると指摘する。

つぎに「日本史の海洋的パラダイム」にすすみ、日本の三度の敗戦、すなわち白村江（六六三）、文禄慶長の役（一五九二〜九八）、太平洋戦争（一九四一〜四五）は、いずれも日本を内地志向に転じさせたという。すなわち、海洋志向の時代は奈良朝以前、室町時代、明治以降であり、内陸志向の時代は奈良・平安時代、鎌倉時代、江戸時代とする。

修正図 1

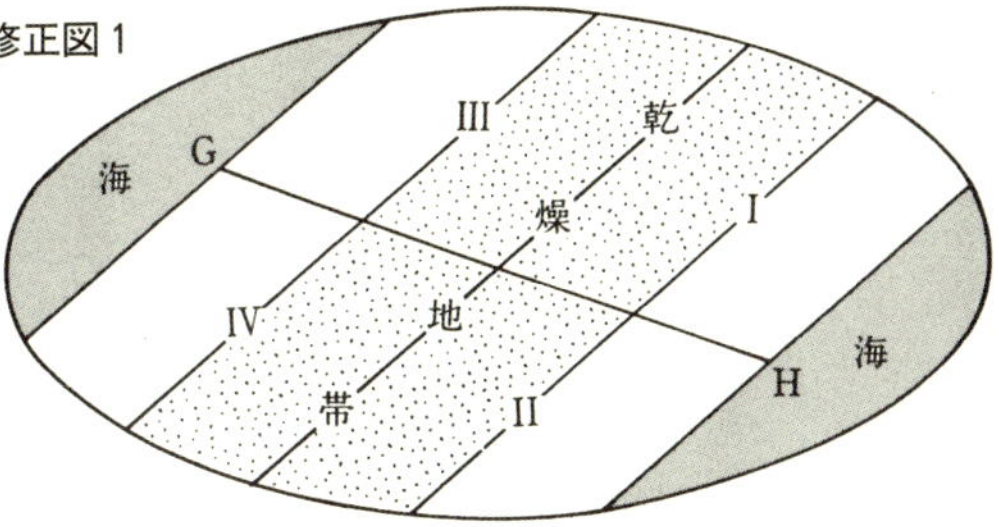

修正図 2

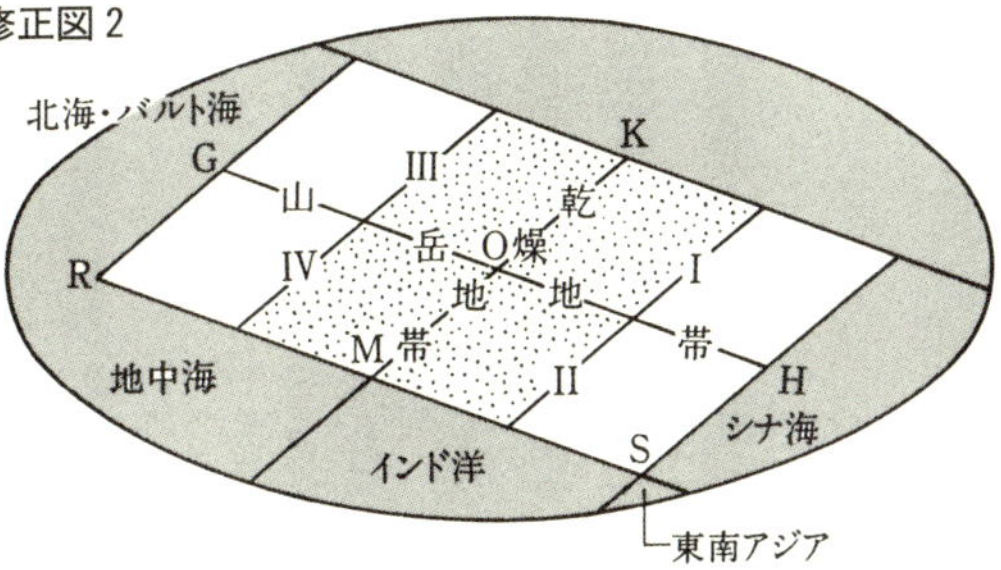

修正図 3

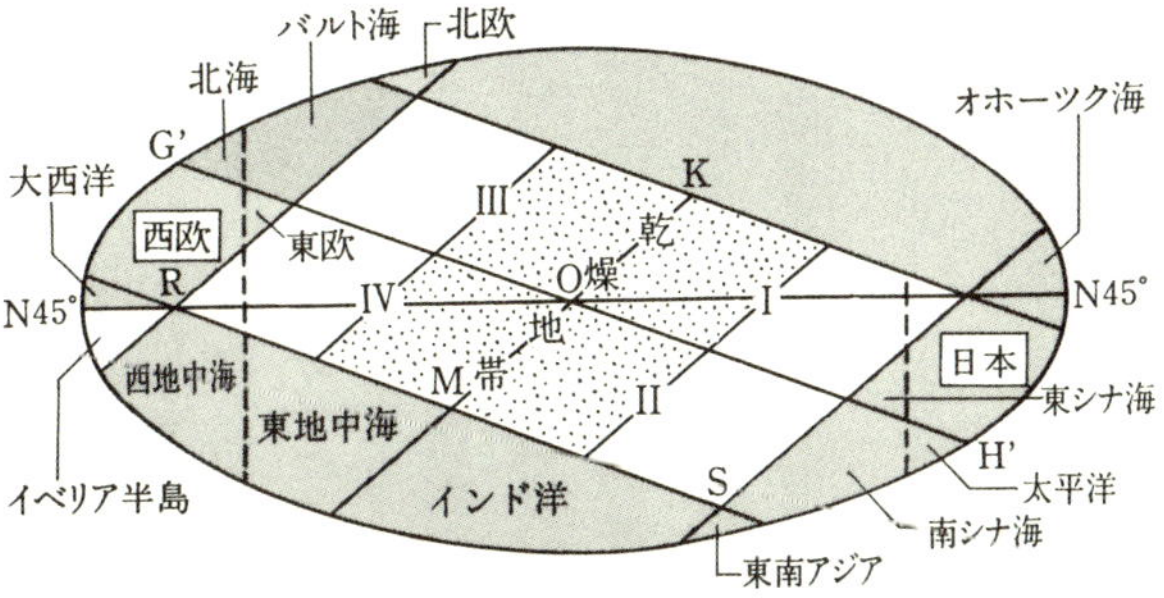

川勝平太「梅棹文明地図」の「修正図」1・2・3（川勝平太『文明の海洋史観』155・157・160頁より。中央公論社　1997）

元寇として知られている文永の役（一二七四）、弘安の役（一二八一）から半世紀後に、倭冦がシナ海に跳梁する時代になる。これは日本人のみならず、福建人など大陸沿岸の海洋中国人と交渉があっただろうが、一四世紀から一六世紀の三百年間暴れまわった時代があり、秀吉の朝鮮出兵もそのひとつであった。この敗戦が「倭冦の時代」にピリオドをうった。そして鎖国である。これによって海外進出はとまり、貿易は政府の独占となり、海洋アジアの文明空間を共有していたヨーロッパと日本は、前者が外向きの開放経済体系、後者は内向きの封鎖経済体系をとった。両者の生産革命（産業革命と勤勉革命）で、それぞれが自立するようになった。近代は海洋アジアから生まれた。その過程を詳しく記述して、さらに図示することによって、川勝さんは独自の海洋史観を確立したのである。（川勝前掲書。一九九七。二〇六頁）

さて、現代である。情報革命の結果、近代のパラダイムに転換が予想されている。軍縮の動きは近代主権国家の「強兵」を終焉させるだろう。また「私的所有権」も情報革命によってゆらぐだろう、と川勝さんはこの章を結んでいる。

最後の結之章「二十一世紀日本の国土構想」は、海洋国家日本の位置を「豊饒の半月弧」と名づけた日本から東南アジア、そしてオーストラリアにいたる地域―文明空間のなかに日本を位置付け、そのなかに生き抜くためにガーデン・アイランド―庭園の島―として提唱する。跋文には脱マルクス、脱人間中心主義、脱西洋科学の地球学、格物史観をとなえている。

生態史観と海洋史観の対話

梅棹忠夫の生態史観と川勝平太の海洋史観の〝対決〟は、一九九八年八月号『文藝春秋』の両者の対談で実現した。さらに、千里文化財団の『季刊民族学』一九九八年秋号（通巻八六号）に、『文明の生態史観』の歴史的・今日的意義」という対談が掲載された。『文藝春秋』のほうは川勝さんが、「さる六月一日、大阪千里の柏屋にて、午後三時から夕食をはさんで七時間、対峙した。十時に閉店となり、別れを惜しんだ」と書いている。

また『季刊民族学』のほうは、この対談は七月二四日、大阪・千里の柏屋で収録したという附記がある。連続した対談といえる。

『文藝春秋』の対談は「文明の未来を語る─日本よ、縦に飛べ！」というタイトルで、両学説をふまえたうえで、その生態史観の誕生の裏話をいくつか紹介し、梅棹さんの自説である日本はアジアではないを展開している。「今日的意義」は、生態史観がすでに古典として評価されていること、牧畜革命、農業革命につづく漁撈革命の重要性の指摘などがあり、生態史観は古典的世界の話で、海洋史観は近代の理論であると位置づけている。

先輩としての梅棹さんに礼をつくした川勝さんの姿勢がさわやかで、しかし陸地史観に対するきびしい態度もうかがえる対談であった。

網野善彦さんのように本格的に海の視点から歴史の再構成を意図している人がおり、上田篤さんのように『日本の都市は海からつくられた』(中公新書　一九九六)と主張する人もいる。この本の副題「海辺聖標の考察」は、民俗学者のいう海辺聖地(海辺における威力を現わす場所)をより明確なランドマークとしてとらえようとする試みである。漁師は海から山ばかり見ている。つまりそれを聖標として漁場を決めているのだという。古代の航法も、ヤマタテという地文航法であり、それで海岸伝いに遠くまで航海ができたという。網野さんは対馬を訪れて、朝鮮半島が極めて近いことを確認している。こうした航法が、青森・三内丸山のヒスイの海路を可能にしたのであろう。森林造成によって北海道の厚岸《あつけし》湾の天然カキをよみがえらせた〝パイロット・フォレスト〟の話は有名になった。また、同じような話は各地に認められている。海から日本列島を見直すことは、これからますます重要になるだろう。

第三章　文明の補助線――縄文時代を考える

さて、沖縄での比較文明学会の基調講演は、バリ島の話をまくらにして、河野正文さんの報告をもとに、愛媛県大西町宮脇の例をひきながら、日本文化の基盤に稲作の伝統があることを指摘したが、後半に話を縄文時代に転じた。これまで二三〇〇年ほどとされてきた日本文明に、ひとつ補助線を引いてみようと思いたったからである。

その契機となったのは、小山修三・岡田康博『縄文時代の商人たち』(洋泉社新書y、二〇〇〇)が、小山さんから贈られてきたことにある。

小山修三さんは国立民族学博物館教授、カリフォルニア大学ロスアンジェルス校で、考古学でPh. Dをとり、帰国して国際基督教大学で教鞭をとっていたが、民博に移ってきて、『縄文時代』(中公新書、一九八四)を著した。明治二(一八六九)年の「斐太後風土記」の四一三の集落(現在の大字)の飛騨地方の産物を詳しく検討して、コンピュータによってデータベース化し、八〇種におよぶ野生食—クリ、トチ、クルミなどの堅果類、野草、キノコ、獣類、鳥類、魚類などを、精密に数量分析する道を開いた。これら産物の多くは縄文時代の出土遺物と重なっており、飛騨は縄文時代中期にはもっとも人口密度の高かった中部文化圏の一角であり、遺跡数も多く、いくつかの重要な遺跡の発掘によって、その内容が比較的よくわかっている。こうしたプロジェクトの結果として、縄文時代晩期まで、東日本の人口密度は西日本にくらべてはるかに高いこと、縄文時代の発展期の列島の人口は約二六万人で、うち西日本はわずかに二万人であったと推計した。著書『縄文学への道』(NHKブックス、一九九六)や、編著『美と楽の縄文人』(扶桑社　一九九九)などがある。

岡田康博さんは、青森県教育庁文化課三内丸山遺跡対策室文化財保護主幹。弘前大学卒業後、一貫して青森県下の遺跡調査に従事してきているが、一九九二(平成四)年以来の三内丸山遺跡の発掘調査に中心的な存在として活躍している。共編著『縄文都市を掘る』(NHK出版　一九九七)や著書『遥かなる縄文の声—三内丸山を掘る』(NHKブックス、二〇〇〇)がある。

三内丸山の遺跡は、古くから知られていた。古くは山崎立朴『永禄日記』(一六二三)という記録があり、江戸時代後半には、菅江真澄の『すみかの山』(一七九九)という、この地を訪問した記録がある。第二次大戦後も、慶応義塾大学の清水潤三氏や、県や市の教育委員会による発掘調査がおこなわれた。ことに一九七六年には、縄文時代中期の墓が発見されて、縄文人が整然たる墓地をもっていたことが注目された。しかし近年になって、この地に県営野球場をつくることになった。南に既設の県営運動公園があり、この計画はやむをえないことだった。記録保存のための発掘調査が、一九九二年に始まった。ここは縄文時代、平安時代、中世の複合遺跡であることがわかったが、とくに縄文時代の集落跡は前例のない巨大なものであり、たくさんの出土遺物や保存のよい有機物遺物が発掘された。

一九九二〜九四年の調査で、竪穴住居跡五八〇棟、土坑墓八〇〇基、掘立柱建物一〇〇棟、成人の墓一〇〇基、小児用の墓八八〇基、盛り土、遺物廃棄ブロック、粘土採掘穴、道路跡なども発見された。縄文土器・石器・土偶などダンボール箱四万個の膨大な遺物が出土したのである。（岡田前掲書。二〇〇〇。七頁）

ショッキングな報道は一九九四年七月一六日、朝日新聞夕刊でなされた。〝四五〇〇年前の巨大木柱出土〟というトップ記事を、司馬遼太郎さんは大阪の自宅で見た。「白昼夢のような話である」と、「街道をゆく」41の『北のまほろば』（朝日新聞社　一九九五）に司馬さんは書いている。司馬さんは青森に飛んだ。発掘現場は「黒沢明のロケ現場みたい」だったと書く。

直径一メートルの巨大木柱の柱穴が、六個、約四・五メートル間隔に発見された。二〇メートルのクリの柱が立っていたとされ、それが一九九六年一二月に復元されている。

野球場建設計画は変更され、県総合運動公園遺跡ゾーンとして保存されることに成り、二〇〇〇年一一月二四日、国の特別史跡に指定された。

この発掘からのちの公園化までの全過程にかかわってきたのが、岡田康博さんである。小山さんは岡田さんをさまざまな形で支援してきたことは、よく知られている。

じつは私も、評判の三内丸山を見学するために、一九九七年六月のはじめに、青森市をたずねた。岩手県盛岡市で文化デザイン会議が終わった後である。ひとりで遺跡に行き、食堂のようなところで昼食を食べようとしていると、小山修三夫妻があらわれてびっくりした。むこうも驚いたようだ。小山さんは岡田さんに会う約束があって三内丸山に来たのだという。間もなく岡田さんが来て、初対面の挨拶をして、二人の専門家に案内してもらって、ひろい遺跡を一巡することができた。すでにクリの巨木のやぐら―司馬さんは高楼と呼んでいる―ができていたし、大きい家屋も復元されていた。

やぐらは、かつて佐賀県の弥生遺跡である吉野ケ里の屋根をもつ望楼（物見楼）とどこか似ている。柱が六本であることも、そのスケールも似ている。なお、この建物は物見楼と呼ばれているが、岡田さんと対談した高島忠平さん（佐賀県立名護屋城博物館長）は魏志倭人伝の〝楼観〟に比定している。（高島忠平・岡田康博『縄文の宇宙・弥生の世界』角川書店 二〇〇〇、一四七頁）。

この吉野ケ里の建物が茅葺き屋根を持ち、他方、三内丸山の六本柱はただ楼だけが立っているのであるが、三内丸山が五五〇〇年～四〇〇〇年の縄文前期なかばから縄文中期末、吉野ケ里は紀元前五〇〇年、つまり二五〇〇年前の弥生時代早期ないし縄文時代晩期から紀元三世紀、つまり一七〇〇年前までの弥生時代末期まで、という年代差がありながら、そこには不思議な共通性が認められるのである。この岡田康博・高島忠平両氏の『縄文の宇宙・弥生の世界』という対談は、二人の現場の専門家の興味つきない対談である。

さて、小山・岡田両氏の縄文商人の話にはいるまえに、稲作以前の日本の生業についてすこし見ておこう。

縄文時代の農耕については、佐々木高明さんが『稲作以前』（ＮＨＫブックス、一九七一）以来、『縄文文化と日本人』（小学館　一九八六）、『日本文化の多重構造』（小学館　一九九七）を経て『多文化の時代を生きる―日本文化の可能性』（小学館　二〇〇〇）まで、一貫して持続的に論陣をはっている。佐々木高明さん（文化地理学・民族学。元国立民族学博物館長）とは古いつきあいである。彼の視点はつぎのように要約できるだろう。

東北アジア一帯の狩猟採集文化を〝ナラ林文化〟と呼ぶ。人々は豊かなナラ林の自然の中で、クリ・クルミ・トチなどの堅果類、野生の球根類採集、イノシシ・シカなどの狩猟と、サケ・マスなどの漁撈が盛んで、あとで述べる三内丸山遺跡などから定住生活、その出土品から遠方との交易があったと見る。

気候の温暖化にともない、六五〇〇～六〇〇〇年前から照葉樹林が南から拡大し、ウルシなどの照葉樹林文化が伝播してきた。ヒョウタン・エゴマ・ユリなどがあり、ヤマイモ・ヒガンバナなども水さらし技術で食用となった。

縄文後期（四〇〇〇年～三〇〇〇年前）晩期（三〇〇〇年～二三〇〇年前）になって、焼畑農耕が伝来、そして水田農耕が普及する。稲作以前には西日本には焼畑農耕があり、北からはソバ・ヒエ・オオムギ・カブなど北のナラ林文化の作物も入ってきた。九州北部の弥生遺跡からは、縄文時代晩期の水田跡が見られる。稲作文化は稲―米に収斂して、近世の石高制という米社会が形成される。

一九六八年には、石田英一郎・泉靖一編『日本農耕文化の起源』（角川新書、一九六八）というシンポジウムが編まれ、韓国・台湾の考古学者も参加して、幅広い討論を展開している。伊東信雄、有光教一、坪井清足、芹沢長介の各氏も加わっていて、この分野についての関心が存在していたことをうかがわせる。

また坪井洋文氏の『イモと日本人』（未来社　一九七九）は、民俗学の立場から、柳田國男の初期論考にみられる民俗文化の多元的側面を、岡正雄の理論と対比し、佐々木高明さんの縄文農耕論を引きながら検討したうえで、畑作儀礼の研究の重要性を説き、具体的に日本各地の〝モチなし正月〟を展開し、イモと餅の象徴性の対比から、さらに畑作文化の存在を提示した力作であった。

焼畑農耕とかかわる文化要素には、儀礼的狩猟、〝アワの新嘗〟、山の神信仰、歌垣、八月十五夜の習俗、モチ性食品、大豆の発酵食品を多用する食文化、飲茶、麴酒の技術伝統、死体化生型神話、天の羽衣説話、などがある。

また中国江南の「越文化」が、焼畑民「瑤文化」と、水田民タイ文化の混合で、前者には焼畑農耕、イモ栽培、八月十五夜の祭り、山の神信仰、山地埋葬（山上他界）、歌垣があり、後者には、高床建物、養蚕と絹、文身（入れ墨）、祖先崇拝、五月五日の祭り、人身供儀、洪水伝説、竜の信仰、稲の豊饒呪術、などが渡来した、という。

狩猟採集・漁撈と日本人

日本文化は稲作文化が主流であると、私たちは思い込んできたふしがある。これは、江戸時代の米本位制経済と、土地ごとに水田所有にもとづく明治以降の地主制が確固たる私有財産の基礎となり、また食生活でも米が〝主食〟という観念が根強くつづいてきたためである。食料不足といえば、米が第一の問題とされ、政府の食料増産政策はもっぱら米生産の増強に力を注いできたという経緯がある。

しかし、米はカロリー源として、筆頭の食物ではあったが、日本人の食卓は米だけに依存していたわけではない。かならず〝副食〟として魚類、貝類、さまざまな野菜や果物、松茸、椎茸などのキノコ類、あるいは豆腐や納豆などの豆を原料とする食品、漬物という野菜を素材にして発酵させた食品などを伴っていた。ご飯そのものも、ギンシャリといわれる白米飯が一般化するのは、むしろ第二次大戦中の配給制度が、米食を全国に普及させたことの結果ではないか。「貧乏人は麦を食え」と言った首相がいたが、麦飯、あるいは豆やそのほかの食材を混ぜたご飯は、むしろ普通の食事であった。いまも松茸飯はごちそうだし、七草粥のような特別の食事もある。うどん、そばに代表されるような麺類も、また、日本人の食卓では米のご飯とかわる通常の食事であった。讃岐うどん、出雲そばなどの、各地の麺類は一種のブランドになっている。日本文化にとって、「人は米のみにて生きるにあらず」という一面があったのではないか。

『イモと日本人』で坪井洋文さんは、〝モチなし正月〟の多くの事例を全国からあつめていて、サトイモがモチと同等、あるいはそれ以上の意味をもっていたことを示した。

魚は、新鮮なものがよいとされ、刺身がふつう第一のごちそうとされているし、お頭つきは祝膳の最上級の献立であった。日本料理は、できるだけ生にちかい、その材料の味をいかすことが重要とされている。

近年は、山菜料理を売り物にした料理店もみかけるが、野草を採集して、それを食べることはめずらしくない。筍はいまではほとんど栽培といえるような管理をした竹藪から採集されて市場に並ぶし、椎茸も栽培されている、アユやハマチ、あるいはカキなどの水産物も、その新鮮さが売りで、いまは〝栽培〟〝養殖〟のような人の手が加わっている。

しかし、気がついてみると、これらの食材の多くが、そのルーツをたどればすべて狩猟採集あるいは漁撈という、古い文化伝統にはじまっていると言えるではないか。

それが弥生稲作以前からの、狩猟・採集・漁撈の伝統を継承していることは間違いない。

海の幸、山の幸がいまも生きているのである。岡田康博『遥かなる縄文の声』（ＮＨＫブックス、前掲書）には、つぎのような記述がある。「青森県では現在も野草利用が盛んである。昔からの民間薬の中に、縄文から受け継がれてきたものがあるかもしれない。市場では、トリトマラズ、タラボウ、シドケ、ニワトコ、スギナ、カツドオシ、カカラヨモギ、イカリソウなどが売られている。」（同書六九頁）

いまでは、日本人の食卓にのぼる食物は、世界中の産物がならんでいる。そして、米の消費量はしだいに減少していて、日本人の食生活はおおきく変化してきているとされる。しかし、縄文人とおなじものを食べていることも少なくないのである。

縄文商人論

小山・岡田両氏の『縄文時代の商人たち』（洋泉社新書y、二〇〇〇）に、話をもどそう。

この本は、経済人類学と考古学の対話である。そしてこの本は、古物学といわれる考古学を超えた、大胆な仮説の提示によって、日本列島の先史時代が、かなり明瞭に描き出されている。それは三内丸山の縄文遺跡を中心的な話題にすえながら、日本列島各地ばかりではなく、ひろく世界の狩猟採集民の社会についての議論が展開されている。

三内丸山の縄文遺跡は、縄文時代前期の中頃（五五〇〇年前）から縄文時代中期の末（四〇〇〇年前）という、一五〇〇年間も続いたとされる、集落跡である。三〇〇人から五〇〇人が、集落を形成してきた。そこには「工房、倉庫、宿泊施設、宗教施設、墓地などを備えた、極めて特殊な集落であった。」（前掲書。八八頁）

考えてみると、縄文時代は新石器時代である。それは農耕牧畜の開始された時代とされていて、新石器革命（ゴードン・チャイルド）＝農業革命という言葉さえある。東北地方にも水田稲作が伝播していったことは、いまではあきらかだが、それは縄文期の東北が稲作を受容する十分な素地があり、東北日本が貧しかったというイメージは否定される。

ここで、あらためて三内丸山の遺跡について整理をしておこう。

① 東北北部から北海道南部にかけての地域は、考古学では円筒式土器の出土する地域とされ、この土器様式の編年もよくできている。三内丸山の遺跡のトレンチからは、この編年通りの、一三種の一連の土器が、年代順に発掘された。その結果、この地には五五〇〇年前から四〇〇〇年前まで、一五〇〇年にわたって人々が居住し、集落が存在していたことがあきらかになった。縄文前期中葉から縄文中期末のことである。

② 青森市内の南西の丘にひろがるこの集落の規模は、三五ヘクタールにおよび、住居址、墓、倉庫、ごみ捨て場などが、整然と残っていて、計画的な集落作りが存在していることがはっきりした。

③ 出土品は三年間の発掘でダンボール四万箱という膨大な量に達し、まだその数十倍の遺物

が未発掘の状態にある。土器、石器のほか、五五〇〇年前の樹木や、ヤマブドウ、サルナシ、ヤマグワ、キイチゴなどの種実や、花粉、寄生虫卵、植物遺伝子なども注意深く発掘された。泥炭層で有機質遺物の保存状態もよかったのが幸いした。岡田さんは、「大きい」「長い」「多い」という形容詞でこの遺跡を特徴づけている。すなわち、広大な面積、長い持続時間、そして膨大な出土品である。

④　直径約一メートルの掘立柱の跡が六つ、整然と並んで発掘され、そこにはクリの巨木が立てられていたことが判明した。高さ二〇メートルの列柱で、現在それは復元されたが、いまはやぐら状の構築物だけで、その上にどのような構造物、屋根や家屋が載っていたかは、論争のあるところで、未決着である。

なんのための〝やぐら〟か。潮見、魚群や来航者を見つける物見やぐら説、国見のための望楼説、天文台説、神殿説（梅棹忠夫）、灯台説（司馬遼太郎）などがある。

司馬さんは、『北のまほろば』（「街道をゆく」41、朝日新聞社　一九九五）のなかで、つぎのように書いている。

さて、高楼のことである。

現場で、私はただ一つの想像をするだけにした。

農耕時代になって政治権力があらわれる。だから、採集の世の楼閣は、首長の権力を、あらわすものではなかったろう。

三内丸山集落想像図（イラストレーション：安芸早穂子）

ひとびとは、丸木舟に乗って、海で漁をする。おえると、この高楼をめざして帰ってきたのにちがいない。

夜、漁からもどらない者があると、

「高く、火を焚け」

というのが、首長だったにちがいない。闇の海で方角をうしなった者は、望楼の火を見つつ帰ってくる。首長は、情義の機関だったのではないか。むろん宗教的存在といってもいいが。

（司馬前掲書。二五二頁）

小山さんは、六本柱を赤く塗ることを主張したという。赤は聖なる色で、季節感を象徴する。祭りがちかづくと赤い柱がそれを予告した、と見ている。（小山・岡田『縄文時代の商人たち』一七九頁）

⑤　静岡大学の遺伝育種学者佐藤洋一郎助教授（現在、総合地球環境学研究所教授）は、花粉分析の結果、集落の周辺にはクリ林が広がっていたと推定している。これは、自然状態の森からクリの木だけを選択的に残した可能性があり、〝栽培〟の原型ではなかったかと想像できる。

また、ウルシも大量の種子が見つかっているので、栽培されていた可能性がある。

ヒョウタン、エゴマ、ゴボウなどの栽培していた種子がみつかり、炭化したヒエの種子もみつかっているから、農耕が存在していたことは明白である。縄文人は新石器革命後の人々であるから、農耕をしていても不思議ではない。

佐々木高明さんたちが、縄文農耕論を提唱するまでは、縄文人は未開野蛮な人々であるという思いこみがあった。これは、一九世紀進化論、ないしはマルクス流の発展段階説に呪縛されていた結果といえよう。

⑥ ウルシはいうまでもなく漆器の原料であるが、発掘品のなかには、精巧なろくろを用いたような形の木椀に朱漆を塗ったものがある。物質文化のなかには、漆塗りの櫛、網代編みのポシェット、繊維を編んだ編布（あんぎん）もあり、皮の衣服も発掘された。

⑦ 食料として魚類も重要である。春には陸奥湾内に回遊してくるイワシ、浜辺のハマグリ、アサリ、夏には外洋近くのマダイ、クロダイ、マグロ、ブリなどの大型魚、秋にはアジ、サバなどが捕獲されていて、骨角器の道具があり、魚の骨、貝殻なども大量に見つかった。冬は主に狩猟で、イノシシ、ニホンジカなどの野獣、ガン、カモ類などの渡り鳥も重要な蛋白源であった。

⑧ もっとも注目されるのは、ヒスイ（翡翠）の玉である。普通はカツオブシ型の加工品が多いのであるが、三内丸山遺跡では、直径四・八センチの球形に、穴をあけた玉が出土している。ヒスイの原石、半製品、完成品が出土しているので、未発見だが工房があったと推定されている。ヒスイの原産地は、新潟県糸魚川市の長者ケ原遺跡周辺しかないので、そこから原石が運ばれ、加工されたと見られている。

⑨ 同様に、やじり（鏃）の材料として、北海道産の黒曜石がある。また、やじりを矢の軸に接着するための材料として、秋田県産のアスファルトがある。装飾品としてのコハクは、岩手県

久慈市から来ていることがわかっていて、これも原石と完成品がある。
これらの物財―物質文化の存在から、ここには交易・運搬の手段があり、いわば商業的機能が存在していたことは、明白である。その点を、小山修三・岡田康博両氏の『縄文時代の商人たち』（前掲書）は徹底的に論じているのである。〝商人〟という言葉は刺激的なので、私は〝商業的機能〟といいたいし、石毛直道民博館長（二〇〇〇年当時）は、〝マーチャント〟ではなく〝トレーダー〟と呼びたいと言っている。商業的機能を動かしているものはなにか。讃岐出身の小山さんは〝縄文時代の弘法大師〟の存在、弘前出身の岡田さんは〝縄文時代の金売り吉次〟の存在という、たくみな比喩でそれを表現している。
⑩　この遺跡には、幅一二メートルの道路が、四二〇メートル以上も続いていて、それは現在の青森市内の方角にのびている。縄文海進期には海であった地域である。その先端には、桟橋ないし港があったと予想されているが、まだ未発掘である。道幅の広さには驚かされる。また、その道路に沿って、幼児の甕棺《かめかん》が整然と埋葬されている。成人の墓は集落の外にあるので、なぜ幼児の墓だけが集落のなかにあるのかは、謎のままである。
⑪　建築物には、五九九棟の半地下式の竪穴住居址のほかに、長さ三二・一メートル、幅九・四メートル、高さ八メートルの、大型の竪穴住居がある。広さは約二五〇平方メートル。中央に一メートル×一・五メートルの炉がある。ロングハウスと呼ばれるこの建物は復元されている。共同作業所、集会所、あるいは冬の共同家屋ではないかと推測されている。掘立柱の高床の倉庫

も三棟復元された。長径一〇メートルの大型建物址もほかに二〇棟が確認されている。

⑫　集落の中心部にあたる六本柱の高楼とロングハウスの両側に、大きい盛り土があり北盛り土と南盛り土とよばれている。二〜三メートルの高さになり、五〇〜一〇〇メートルの規模である。さらに、もうひとつ西の盛り土もある。長期間にわたって、平坦な土地に土器・石器・祭祀具などを廃棄し、土砂で盛り上げた結果、できたマウンドだと考えられている。多くの遺物は、このマウンドのトレンチから発掘されている。盛り土全体が掘り返されたのではない、トレンチからだけで、この膨大な出土品が発掘されているのだ。

その出土品の中で、注目すべきものはたくさんあるが、なによりもいわゆる板状土偶《どぐう》とよばれる、土偶に注目したい。すでに一五〇〇点も出ていて、その八割が盛り土からの出土である。全国でも三万五千点しか発掘報告がないというのが、集中的に出土している。この土偶はトレンチからだけの出土数であるから、盛り土を全部掘れば万を超えることは確実のようである。すべて女性像で、十字型の板に目鼻がある頭部と、左右の腕と、乳房とへそのついた胴体がついている。最大で三五センチのものもある。一つ一つ異なっていて同じものはひとつもない。胴と首が九〇メートルもはなれて出土しているのもある。他にヒスイやミニチュア土器、装身具なども一緒に見つかっているので、これは儀式にもちいられ、最後には捨てられたものと推定されている。どのような目的で、用いられ、捨てられたのか、まだ謎のままである。地母神のような豊饒のシンボルで、祭りのあと廃棄されたのかもしれない、という小山さんの説もあり、ポトラッチのようなイベントと関係があるかもしれないともいわれる。シャーマニズムや母系制との関係を考える人もいる。

⑬　このほか、縄文人の好んだ色はなにか、とか、例の高楼はどのような意味を持っているか、とか、三内丸山には酒があったか、などなどの未知の部分、謎の側面も少なくないが、ともかくこの遺跡の発掘が示しているものは大きいとおもわれる。

アフルエント・フォレジャーズの発見

縄文人が貧しい物質文化をもっていた、ということは、この遺跡の発見によって明白に否定されたといえる。

一般に、一九世紀進化論の立場は、タイラーの野蛮・未開・文明の三段階、あるいはフレーザーの呪術・宗教・科学の三段階のように、単純な社会と貧弱な物質文化しかもたない狩猟・採集・漁撈のバンド社会（遊動する核家族の離合集散によってできる首長ももたない社会）から、植物の栽培と動物の家畜化によって農耕・牧畜社会に発展し、定住がはじまり、やがて村落組織から国家がうまれ、都市社会ができ、さらに産業革命の結果、いまのような産業社会（工業社会）にいたるという見方であり、文明は最後の段階であるとみなしてきた。その見方の基礎には、ヴィクトリア朝イギリスを文明の頂点とみる、ヨーロッパ中心史観があったことは否めない。それを再構成したのが、マルクスの経済発展段階説―原始共産制、古代奴隷制、中世封建制、近代資本制そして未来の社会主義―という理論であった。そこで狩猟採集民の野蛮段階は、乏しい資源に、貧弱な技術にたよって生活する人々のイメージとなっていた。こん棒を手にした半裸の野蛮人のマンガ的イメージである。

それが長く一般の、また学界の大勢をしめてきていた。しかし、しだいに、狩猟採集民の研究者のあいだで、別の視点が生まれてきた。

一九六九年に書いた『過疎社会』（NHKブックス）という本の中で、私はアメリカの雑誌タイムの記事から、つぎのような引用をしている。

先日、アメリカの雑誌『タイム』（二〇〇〇年七月二五日号）に、つぎのような記事があった。

「週労働時間はたいてい一九時間をこえず、物質的な富は負担と考えられ、貧富の差がない。犯罪人はなく、私有財産のはっきりした区分もない。ただ不確定な境界線があるが、これも訪れる人を拒まない。訪ねれば飲物を出して歓迎してくれる。職のないものは多くて四〇パーセントに達するが、これは社会が停滞しているためでなく、ただ働く能力のあるものだけが必要なだけ働けばいいと考えられているためだ。食料は豊かで容易に手に入るし、人々は快適で、平和で、幸福で、安全に生活している社会を想像してほしい。」

「じつはこの〝楽園〟は、さしもの侵略者たちをも受け入れなかったカラハリ砂漠の、ブッシュマンの社会の描写である。タイムの記事は人類学者がトマス・ホッブス流の自然状態の生活が、

〝孤独で、貧しく、悪意に満ち、野卑で、劣悪な〟ものという近視眼的な見方から、未開社会をおくれた社会の生きた化石という考え方をすてて、アンリー・ルソー的な黄金時代に生きる高貴な野性という考え方に移りつつあるという。この記事は、最近出版された狩猟民についてのシンポジウムをまとめた書物の紹介なのであるが、物質的・技術的な変化にもかかわらず、人類にはどれだけの進歩があったかという、問いかけをしているのである。」(『過疎社会』NHKブックス、五四~五五頁)

これが、狩猟採集社会についての見方の変化の端緒であった。ドゥ・ボアとリーの編になる『マン・ザ・ハンター』のこのシンポジウムからほぼ二〇年後の一九七九年六月、民博で〝アフルエント・フォレジャーズ〟というシンポジウムが開かれた。太平洋の両岸である日本と北アメリカの採集民の比較研究である。そこでは明らかに採集民社会の豊かさを示し、この立場を強固にした。佐々木高明さんは、それに関連して、「縄文時代の前期以降の文化は、その特質から判断して、私は典型的な《成熟せる採集文化》の特徴を有していたと思うのである」と書いている。(佐々木高明『縄文時代と日本人』一〇八頁。現在、講談社学術文庫)この《成熟せる採集文化》は、アフルエント・フォレジャーズ(豊かな採集民)の文化のことである。

私の師匠のひとりであるイリノイ大学のジュリアン・スチュワード先生は、一九世紀進化論を批判的な立場から見直し、新しい進化論―多系進化論を提唱した一人であるが、いま考えてみると先生にも、狩猟採集社会の〝野蛮〟のイメージに一役買った責任があるように思う。先生のフィールドは、カリフォルニア州とユタ州にまたがる、大盆地地域の採集民ショショニ人で、砂漠のなかで松の実などを採集し、ウサギなどの小動物を狩りして生活している、もっとも原始的な人々であった。もういちどフィールド調査ができるなら、ショショニのところに帰りたいと話していたほど、その採集民を愛していたが、その文化要素の項目は物質文化から精神的なものまでふくめても全部で三〇〇〇点しかない、という単純なもので、核家族のレベルを超えた社会組織はなく、家族が離合集散するバンド社会の典型であった。砂漠のような環境に生態学的に適応した結果が、このような社会にとどまっていることになったのである。

そのモノグラフにつづいて、先生は「父系バンド」という論文で、この社会をカラハリ砂漠のブッシュマン、コンゴのピグミー、マレー半島のセマン族、フィリピンのネグリート族、オーストラリア先住民(アボリジニー)、タスマニア人、南米のフエゴ諸島のオナ、パタゴニアのテウエルチェ人などと比較して、その共通項を示した。このような人類学者の情報が、一般に狩猟採集民は物質文化も貧弱で、社会組織も未発達であるというイメージを拡大してしまったといえそうだ。

その情報が間違っているわけではない。問題は、それらの民族誌的事例が、すべて極めて人間の住みにくい、砂漠や熱帯降雨林、あるいは極地に近い地域など、いわば極限的な自然環境に適応した生活型であることだろう。〝極限の民族〟とは、本多勝一氏の本の名前であるが、一般の読者は、まさにきびしい極限的状況に適応して、そこから抜け出せなくなっている例をもって、すべての狩猟採集民を考えてしまうという間違いを犯してしまったのである。温帯地域の、容易に農耕や牧畜に移行することができる場所の狩猟採集生活は、もっともっと余裕のあるものであり、豊かな内容を備えていたと考えてよい。

縄文都市論

ジャーナリズムは、しばしば抜け駆けを競い、センセーショナルな形容をつかう。三内丸山を縄文都市遺跡と呼んだのは、むしろそちらのほうが先ではないかと思う。岡田康博さんは、NHK青森放送局との共編著『縄文都市を掘る』(NHK出版　一九九七)で、「〝縄文都市〟三内丸山」というカッコつきながら縄文都市ということばを用いて一文を書いている。しかし、山田昌久さんなどは、都市説批判をしているし、おなじ本の共同討議のなかで、「〝都市〟という言葉は慎重に使ったほうがよい」というのは、佐々木高明さんの発言である。(同書五五頁)

梅棹忠夫さんは、例の六本柱の高楼を神殿ではないかと考えている。(武田紀久雄編著『梅棹忠夫先生と縄文の会』一九九七)この高楼を宗教的施設ととらえて、吉野ケ里の〝楼観〟や出雲大社の社殿に通底する、日本文化の流れのひとつと見ている。神殿はそのまま神殿都市に直結することになるだろうとみる。梅棹さんの文明の定義は〝制度、装置、機構のようなシステム〟である。それに即して見れば、ここには〝縄文文明〟の存在を高らかに提起してもよいのではないか。三内丸山を都市と呼ぶか、文明と呼ぶか。私はしばらく保留しておいて、ただ〝サイト〈遺跡〉〟と呼んでおきたい。

ブランビカのこと

ニューヨークでライス・カルチャーの話（第一章を参照）をしたおなじ週末（二〇〇〇年一二月）に、民博で「三内丸山遺跡縄文シンポジウム二〇〇〇イン大阪」という青森県教育委員会と民博の共催によるイベントがあって、パネラーとして出席した。そこで私は、二つの点について話した。

ひとつは、縄文人イクオル（イコール）原始人のイメージが、どこからきたか、ということ。それには、さきに述べたように、ジュリアン・スチュワード先生にも責任がある。先生は自分のフィールドであるショショニ人や、ブッシュマン、ピグミー、イヌイットなどを比較して、いわゆるバンド社会を限られた文化要素と、単純な社会組織で特徴づけた。この単純さに人々は幻惑され、それが狩猟採集民であるという観念にとらわれていた。しかし、これらの例はすべて人間にとって極限的な自然環境に適応した姿である。そうでない地域、温帯の狩猟採集民はどこへいってしまったのか。かれらは農耕牧畜民に姿を変えていったのである。だから、これらの〝極限の民族〟のイメージをそのまま原始人すべてにあてはめてしまうことが、大きい誤解のもとになった。それに一九世紀の進化論―野蛮・未開・文明の段階論や、マルクスに代表されるその後の発展段階説の呪縛が加わって、私たちの偏見が生まれたのである。

もうひとつは、三内丸山遺跡の人口にかかわっている。一九九六年、民博で開かれたシンポジウムの席で、岡田康博さんはつぎのように述べている。

「われわれが人口を考えるときに、何を目安にして言うかというと、一つは住居の数です。これまでの発掘調査で六〇〇軒ほど見つかっており、遺跡全体では三〇〇〇軒以上あると推定できます。ものすごい数ですが試掘調査の結果からも現実的な数字なのです。さて、同時期にどれくらいの住居があったかということから考えますと、三内丸山遺跡では五五〇〇年前にあの場所に集落がつくられた時点で、四〇から五〇軒が同時にあった可能性が高いと、今、考えています。ですから、一軒の住居に四〜五人としますと、二〇〇人を越える人間が住んでいたことになる。集落はちょうど今から約五〇〇〇年前の縄文時代中期から大きくなって、約四五〇〇年前ぐらいにピークに達します。その時代ですと、一〇〇軒以上の住居が同時に存在した可能性が高いと考えますので、まあ五〇〇人という数を考えています。もう一つは、狩猟採集民の集落規模を目安にすることができるのではないでしょうか。これは私だけではなくて、いろいろな立場の人たちも言っており、この遺跡はそのような仮説をもてるような、そんな可能性をもっています。(岡田共編、前掲書。三六頁)

しかし、それを受けて、考古学者で国立歴史民俗博物館長(当時)の佐原真さんは、それまでの縄文遺跡の例からみて、せいぜい一〇軒、南北をあわせても二〇軒で一〇〇人、という数字をあげて、少なく見積もるほうと多く見積もるほうと両方考えることを提唱している。もっとも、小山・岡田『縄文時代の商人たち』（前掲書）では、岡田さんが、「最近、佐原真さんも、三内丸山には三〇〇人以上、五〇〇人未満の人口がいても問題ないと言われています」と発言し、小山さんが「佐原さんも変わってきましたね」と受けている。

私は、この数字をめぐる議論を読んでいて、私がかつて熱帯アフリカ・ザイール（現コンゴ民主共和国）の山地焼畑民であるテンボ人の社会を調査したときのことを思い出していた。テンボ人は、キャッサバを換金作物として栽培している焼畑民であるが、そのなかで、不思議な集落を見つけ、そこをくわしく調査したことがあった。それは普通の近辺のテンボの尾根沿いにつくる列状集落と異なって、テンボランドへ唯一のびてきている簡易舗装のある道路に沿った街村で、数年間に急速に成長したものであった。それはザイールの政治経済的混乱によって、交通条件が悪化した結果できたものであった。私はなにか参考になればと、このブランビカという集落のことを話した。

この集落には、三二世帯、一九八人が住んでいた（一九七八年一一月）。三年前、私が初めてこの道路を通った時には、この集落はなく、道路沿いの近くには、谷を数キロ降りたブニャキリという役場のある集落しかなかった。深い谷間の中腹を降りる道路がやや平らになっている場所に、三年間で大小一〇〇棟ほどの板囲いの家屋が道路に沿って並んだのである。そこへ、この地方の州都ブカブから、毎週金曜日と土曜日に大型トラック五〜七台がやってくる。キャッサバ買付けの商人たちのものである。そのトラックが衣類、日用雑貨、灯油、タンガニイカ湖の干し魚、トタン板などを運んできて、二日間狭いながら市がたつのである。その商人を目がけて、周辺約二〇キロの村々から、キャッサバを二〇〜四〇キロを背にした女性たちが集まってくる。一日約三〇〇〇人、二日で六〇〇〇人の群衆が、市場にひしめきあう。それにつれて男たちも子どもたちも集まってくる。ほかの五日間は灯のきえたように静かな集落であるが、週に二日だけはにぎやかになる。なかには途中で一泊してくる人もいる。女性たちは頭からつるした背負いかごに商品を入れて、素足で起伏のはげしい山道を歩いてくるのである。もとの買付け地点はブニャキリだったのが、素足で運んでくる女性たちとトラックの出会う場所として、ブニャキリのほうがつごうがよかったのだろう。いわば最適地点として、ここが選ばれたのである。

この簡易舗装道路は、かつて植民地時代にベルギーの国王がやってくるというので建設されたもので、さらに谷間を降りた熱帯降雨林で消えてしまう。将来はキサンガニ（植民地時代にはスタンレービルと呼ばれていた）コンゴ川岸の都市までつなぐ計画だったようだが、実現していない。おもしろいことに、市場のそばに密集した家屋があり、そこにはテンボ人でない女性が九人。春をひさいでいる。わずか三二世帯であるが、道路沿いに二八棟、山側などにも小屋がある。ここには五種類の建物がある。すなわち①住居（ニュンバ）、②飲み屋を兼ねた宿屋（チュンバ、あるいはフランス語でシャンブル）、③石けん、タバコ、油、靴、布地など乏しい品をならべた店（ドゥカあるいはブティック）、④売春宿（ニュンバ・ヤ・マラヤ）、⑤キャッサバ倉庫（デポ）である。

都市には人口の要素はおおきい。しかしもし都市的なもの―都市性から人口の要素を差し引くとなにがのこるか。私はこの谷間の集落ブランビカに、都市の原型をみたように思ったのである。

こういう例もありますよ、ということで、私はこの古いレポートを紹介したのである。

メソポタミアとならぶ

日本文明はふつう弥生以来、すなわち今から二三〇〇年ほどのものとされてきた。しかしその補助線としてみるならば、三内丸山遺跡の示すものは限りなく大きい。

沖縄の比較文明学会のとき、私は伊東俊太郎さんの『比較文明学を学ぶ人のために』（世界思想社　一九九七）にある、「文明圏の変容と交流」という図を借りて、その日本文明のうえに三内丸山遺跡の年代を継ぎ足してみた。それは、メソポタミア文明と肩をならべるところに位置することになる。これは、いろいろなことを考えさせてくれる。（一一六頁の図表）

まずなによりも、日本史の相対化ということがある。

これまで、二三〇〇年しかないと思われていた文明史に、縄文時代の三内丸山をつけ加えてみると、それが一挙に五五〇〇年も引き伸ばすことになる。

それによって、これまで〝古代〟ということで幽冥のかなたに押しやり、古事記、日本書紀あ

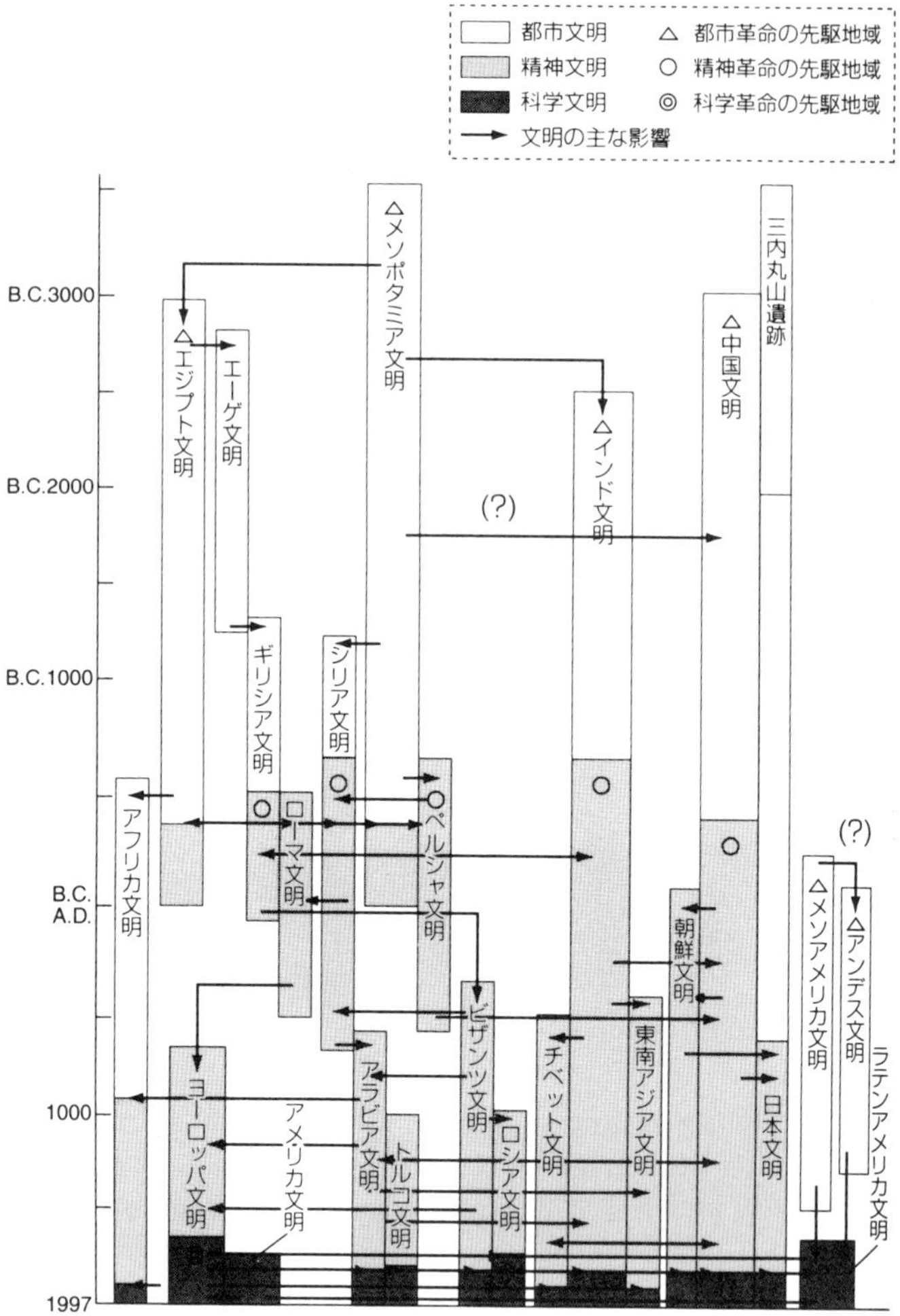

伊東俊太郎の「文明表」

（伊東俊太郎編『比較文明学を学ぶ人のために』世界思想社、1997年、著者の許可をえて一部修正）。米山俊直『私の比較文明論』63頁。世界思想社、2002年より転載。

るいは風土記や万葉集を終点としてきた日本の歴史を、長い時間の中で見直すことができるのではないか。今から二三〇〇年前と四〇〇〇年前、つまり一七〇〇年間の縄文後期から弥生時代までの時間が、いわばブラック・ボックスとしてあらわれる。それが、記紀万葉あるいは風土記を終点としてきた日本史を解き放つのではないか。柳田國男が、『遠野物語』、『後狩詞記』、『山の人生』、『山島民譚集』で追求しようとしていたテーマが、これだけの時間に歴史を引き伸ばしてみるならば、あらためて隠れていた人間の営みを読み返すことが可能になるのではないか。あるいは、折口信夫の一連の〝古代研究〟にも、あたらしい光をあてることができるのではないか。その結果、現代に続く日本の歴史も相対化して捉えることができるだろうし、神話学、民俗学の分野でも、新しい地平が広がると思われる。

さらにそれは、森喜朗元首相のいう「天皇を中心とする神の国」という〝通念〟をも、相対化することになるだろう。記紀は藤原不比等らが構想したもので、天皇家を軸にした構成をもつといわれるが、それ以前の歴史を構想するための場を提供したことになる。

一五〇〇年という三内丸山の長い持続性は、いまの歴史と重ねてみればよくわかる。いまから一五〇〇年前といえば、西暦五〇〇年、聖徳太子の時代である。つまり、三内丸山の持続時間は、現在の日本史すべてをすっぽりとはめこんでしまう長さなのである。

さて、三内丸山を〝文明〟と呼ぶかどうか。今のところはとりあえず《サイト（遺跡）》と呼んでおこう。これは麗澤大学の比較文明学研究所の報告のときに、質問に答えて私のした返事である。メソポタミアと同じ古さを誇るというと、不必要なプライドを人々に与えかねない。それを回避するためには、都市とか商人とか文明という言葉を軽々に使ってはならない、という自戒をこめて、私はそう答えたのである。

第四章　京都文化——文明中心のひとつとして

京都市では近年人口減少が認められる。府下南部の〝京阪奈文化学術研究都市構想〟による都市開発が進行し、同志社大学の移転などもあって、一種の危機感が生まれている。〝大京都圏〟を考えて、この南部の京田辺市や宇治市、大津市、亀岡市などの周辺都市群も含めてみれば、市域の人口減少などは問題にしなくてもよいという意見もある。

しかし、京都といえば、やはり洛中洛外の一円を指すものであろう。

京都はそのかぎられた圏域のなかに、何層もの歴史をかかえている。それは、いまも実際に行われている、市内の年中行事をみれば、よく理解できる。

たとえば、神馬弥三郎『京都祭事記』（山渓新書、山と渓谷社　一九七二）という手頃なガイドブックをみれば、ほとんど毎日のように、市内でさまざまな祭礼行事が営まれていることがわかる。そしてその由来は、古代、中世、近世、近代という時代区分に当てはめてみるだけでも、いくつかの時代の伝承がとなりあって存在し、いまも持続していることがよくわかる。

たとえば、京都の三大祭―葵祭、祇園祭、時代祭をとりあげても、葵祭の起源は六世紀の欽明朝（五五一―五八一）、祇園祭は清和天皇の貞観十一（八六九）年、そして時代祭は二〇世紀になって、明治十九（一八八六）年ということになる。

最後の時代祭は、平安奠都千百年記念の内国博覧会を契機にはじまった。その当日の夜には、鞍馬の由岐神社の火祭があり、これも非常に古い祭りのようである。深夜まで観光客が山中にあふれるが、地元の神輿を渡す人びとや、松明を担ぐ人びとは真剣そのものの神事である。

このように、現在の京都の祭礼行事は、歴史の何層もの重なりを現代に伝えている。いまでは観光資源とされている寺社も、新旧の祭礼行事が渾然《こんぜん》と入りまじっている。あとで祇園祭について検討するように、行事自体がしばしば変動している。この歴史の重層性のなかで、京都文化は構成されているといえる。

地形と自然

京都文化は、内陸盆地に育った文化として、千数百年にわたる歳月を経ながらも、いまも継承されている。この持続性の理由には、この京都（山城）盆地が、地震や台風などの天災の被害を比較的受けなかったという、自然地理的条件に恵まれていることがある。

とはいえ、鴨川の氾濫のようなこともあり、たびたび戦火を浴びて町が焼亡したこともあるのにかかわらず、不死鳥のように再生したのは、列島における地理的位置ということもあるが、なによりもその地形と気象が安定していたことにあるといえよう。

地理的位置という点では、京都はその植物帯からみても、カシ、シイ、クス、ツバキなどの照葉樹林帯（常緑広葉樹林帯）と、ブナ、ナラなどに代表される落葉広葉樹林帯の接触し重なりあう推移地域である。

さらに京都は、日本列島のなかで、東日本と西日本をつなぐ結節地点に位置していて、かつての北前船の航路が下関を経て瀬戸内海から大阪に達するまえは、北海道や東北地方の産物が若狭の敦賀、丹後の舞鶴などから峠を越えて琵琶湖に運ばれ、大津から陸路を都に届けるルートもあった。

琵琶湖はまた淀川の上流でもあり、京都盆地の賀茂川（鴨川）、桂川（大堰川）もそれに合流するという地形である。京都盆地の東は比叡山をふくむ東山をはさんで、琵琶湖を擁する近江盆地であり、西は愛宕山を越えて丹波山地の玄関である亀岡盆地である。南はひらけて鴨川、桂川の淀川に合流し、さらに木津川に合流する山城盆地となる。東山、北山、西山と三山および鴨、桂の二川をそなえるこの地形は、いわゆる風水説の理にもかなう地形であった。また陸路も、東海道をはじめとする諸街道の起点となってきた。

京都の夏の蒸し暑さと冬の底冷えは、大阪や神戸にもないといわれるが、これは内陸盆地の特色といえるだろう。

楕円の二焦点のひとつとして

日本文明は、古来二つの中心をもっていた。いわば楕円の二焦点である。そしてそれは東に移動した。縄文時代は別として、弥生時代には、北九州と畿内。鎌倉時代以降は畿内と関東。文明東漸説である。

すこしくわしくみてみよう。日本文明の中心は、京・大坂を中心とする畿内・上方の文化と、江戸・東京の文化である。これは一二世紀末（一一九二年）に鎌倉幕府が出現して以後とみてよい。それ以前には、北九州と上方に中心があり、それがこの頃から東に移り始め、一七世紀の江戸幕府の体制によって確固たるものになった。私のいう焦点東漸説である。

もっとも、時間をさらにさかのぼって、縄文時代ともなれば、東国のほうが西国よりもはるかに人口維持力が高かったことが認められている。そこからは別の仮説がうまれるかもしれない。

ともかく京都は、このように日本文明という楕円の二焦点のひとつである。

それまでは不安定に大和盆地、大阪平野、近江盆地などに点々と移動していた王都が、七一〇年以来の平城京―七代七〇余年―ののち、七八五年に長岡京に移り、さらに七九四年平安京に移った。（〝ナクヨうぐいす平安京〟という年号の暗記法がある。）

その後、一時的な平清盛の福原遷都もあったし、鎌倉政権の樹立によって、政治の実権が東に移り、都は儀礼的な中心に過ぎなくなった時期もある。しかし足利尊氏によって室町幕府が生まれ、都に政権がもどってくる。その後、戦国の混乱の結果、織豊政権を経てのち、徳川政権がふたたび関東にその拠点を置くことになる。このように権力の中心は東西をシャトルのように移動したのだが、最後に明治維新の結果、江戸が東京となり、中央集権が強化された。いまでは関東の文化的集積が大きく、一極集中の弊害が生まれている。

江戸時代、参勤交代による諸国の大名の定期的な移動もあって、江戸の文物もまた各地に伝わったが、京都は儀典中心の町となったとはいえ、上方の物産の洗練度の高さが評価され、全国の文化水準の高さの基準となっていった。江戸の文物も、くわしくみると多くは下り物、つまり上方から移入された物財が多かった。もちろん江戸時代二七〇年の間にうまれた文化要素も無視できないが、上方の尺度が尊重されてきたのであった。

先住民としての渡来人

京都―平安京の建設には、大陸からの渡来民である秦氏ら、この地に早くから定着していた人びとが、大きい役割を果たしたようである。

ここで、渡来人について、すこし触れておかなければならないだろう。

京都盆地の開発は、聖徳太子の時代から、渡来―帰化人の手にゆだねられていた。大和の葛城から移住したとみられる賀茂氏もいるが、松尾神社を秦都理が大宝元（七〇一）年に勧請したといわれ、稲荷神社も秦氏の祭祀とされているし、秦河勝が蘇我氏や聖徳太子に近く、広隆寺の弥勒菩薩像は太子から与えられたものとされ、近くに蚕の社もある。

秦朝元の娘の子の藤原種継は、長岡京の造都長官であり、彼の暗殺事件ののち、平安京への遷都を推進した藤原小黒麻呂、その子の葛野麻呂も秦氏につながっている。

秦氏は大堰川の治水にも貢献した。その秦氏が新羅系と考えられているのに対して、高句麗系の高麗氏は八坂神社をまつり、八坂寺といわれる法観寺を建立。また百済系は桓武天皇の生母の高野新笠が百済系の系譜をひいていることは、よく知られている。

古代史の専門家である上田正昭氏は、その『古代伝承史の研究』（塙書房　一九九一）にもうかがえるように、文献史料のみならず、金石文、口頭伝承、芸能伝承などを含めた総合的な古代研究を意図し、その視点は考古学、神話学、民俗学、文化人類学などの学際的研究に、東アジア史に連動させる立場を鮮明にとる。

一九九九年、その上田さんが『講学アジアのなかの日本古代史』（朝日選書）という新しい著作を出版した。これは朝日カルチャーセンターの五〇年の研究生活の歩みを話せという依頼に応じた講義の記録である。上田氏の年来の主張である東アジア史の文脈の中に日本の古代を位置づける試みの、いわば集大成であり、そのダイジェストといってよい、すぐれた著作であると思う。

この講義のなかに、思い出話として『帰化人』（中公新書、一九六五）のことが出てくる。三四年前の出版当時、まだ「渡来人」という言葉は用いられていなくて、帰化人という言葉を使ったが、「日本書紀」のように支配者の側からみた自分の意志で投化した人や、外来人＝帰化人という人を指すのではなく「支配者側の観念の意味したところとそのような観念をはみでたところの渡来者またはその後裔の人々」を内容とするとした。

そしてこの本で、平安京を建てた桓武天皇の生母である高野新笠が、百済の武寧王の血脈を継いだ人である、と書いたために、上田さんは右翼から脅迫状を受け、会見を申し込まれたという。上田さんはそれに応じている。

「帰化」という言葉は、八世紀の日本の支配者が日本版中華思想をもつようになり、外国から来て「自分の意志で投化した人」を帰化人と呼んだ。またおなじ思想から、国内にも夷狄《いてき》として毛人（蝦夷《えみし》）、肥人（隼人《はやと》）、阿麻美（奄美《あまみ》）などを、日本列島のなかの住民として扱っていたという。蝦夷には山に住む山夷、農耕する田夷、海外と交易する海夷がいた。支配者にとって、まつろわざる者を夷狄とみなしたのである。（宮本常一氏のエビスたちの列島を連想させる。）ちなみに外国新羅は蕃国、隣国は大唐と呼ばれてきた。

桓武天皇はまず長岡に遷都する。平城京の仏教勢力を排除すること、交通の便、浪速津との強いつながり、そして蝦夷征討がその理由であったと上田さんはみている。しかしこの長岡京は十年で平安京に移転してしまう。長岡棄都の理由には、造都長官種継の暗殺事件や、それに桓武帝の弟早良親王が連座して淡路に流され、途中で亡くなるなどの事件もからむようだ。この親王はのちに御霊神社に祀られる怨霊神になり、桓武帝は親王に崇道天皇と諡（おくりな）する。御霊神社に祀られている八所御霊の筆頭である。

桓武帝は平安遷都の勅を発し、「山河襟帯、自然に城をなす」として、山背の国を山城の国と改称して、新京の建設を命令する。上田氏は東に天智天皇の近江京があったこと、その古津を大津と改称せよと命じていることに注目し、天智帝の曽孫にあたる桓武帝が、大津を意識して遷都がすすめられたという意見である。「大津は蝦夷征討はもちろん、東海、東山、北陸につながる」平安京の外港の意味があったとしている。

京都はこうした先住者であった秦氏らの渡来人によって都市計画が進められた。桓武天皇は渡来系の文化が濃厚な現在の枚方市で郊祀をおこなっているが、ここは百済王氏―六六三年に滅亡した百済の王の末裔が集住していた土地であり、ここにも渡来人の痕跡があきらかである。

桓武帝の没後平城《へいぜい》天皇が即位するが、大同二（八〇二）年桓武の第三王子伊予親王が政争に巻き込まれて自殺、また大同四（八〇九）年平城帝が嵯峨天皇に譲位して上皇になったのち平城京に移り、嵯峨帝と対立、弘仁元（九一〇）年薬子《くすこ》の変によって自滅する。最近、三枝和子氏の『薬子のいた都』という小説が京都新聞などに連載され、出版され（出版時の書名『薬子のいた京』講談社　一九九九）、宇治市の紫式部賞を受賞した。

鴨長明が「方丈記」に書いたように、都が完成したのは嵯峨天皇の時代になってからといえると、上田さんは指摘している。京都の建設は時間がかかっている。

平安京の都市計画は、唐の長安にまねてつくられ、現在はＪＲ山陰線の二条―丹波口間とほぼ平行して南北に伸びる千本通が朱雀大路で、それを中心軸にして左京と右京にわかれ、左京を洛陽城、右京を長安城と呼んだ。ところが中世以後、右京が衰退して、かつての右京城は水田になっていた。現在の京都は、もっぱらもとの左京から、鴨川の右岸の東山連峰の山麓までを中心にしていて、御所も平安京の計画図では東北の端にあたる。

この千年の歴史の結果としての計画図と現状のひずみは、ひとつには繰り返し洪水に見舞われたことに原因があるとされている。近年の環境考古学は一〇世紀末から一二世紀にかけて河川が河床を急激に低下させ、そこに氾濫原を作ったといわれ、河原が形成されたといわれる。（高橋学「河原の出現」一九九九）その河原は一二世紀頃から処刑の場ともなり、また歓楽街を作り出してきたという。森栗茂一氏の『河原町の民俗地理論』（弘文堂　一九九〇）は、全国の河原町の研究成果である。それには京都市街が水の脅威からある程度守られるようになったのは、豊臣秀吉による御土居囲いによる都市計画の結果であるとする。高橋学氏も御土居が河岸段丘に沿って作られていると指摘している。

この八世紀末の都市計画の基本は、その後も基本的には継承されてきた。秀吉が、京都の城塞化のための御土居の建造（天正一九年―一五九一年）と大規模な町割り（区画整理）、方広寺の大仏や聚楽第を建設する一方で、寺町、寺の内を設けて寺を集め、釜座や柳の廓という遊廓などができたなどの改変をしたことはおおきいが、その後は町組なども温存されて、明治以後の疏水による発電や市街電車の敷設、東海道線京都駅による烏丸通の南北分断を含む大改造まで、基本的にはおおきい変化はなかったといえる。

もとの平安京の計画には寺社がなかったのだが、貞観年間（八五九―八七六）に民家の浸水、疫病の発生の頻発など、「都市問題」が起き、神泉苑の御霊会《ごりょうえ》が貞観五年に行われている。寺社の初めは一遍（一二三九―八九）の時宗が七条の市場周辺に道場をつくったのが最初といわれるが、一〇世紀には右京は廃亡して左京中心の町になり、一一世紀には鴨川の東岸に町が拡大し、藤原道長（九九六―一〇二七）の無量寿院などができる。法成寺が建設されたのが治安二年―一〇二二年である。白河一帯に別荘を建てた貴族は、それを白河天皇に献上して法勝寺（一〇七五―一〇八三）を建立、のち尊勝寺（堀川天皇）、最勝寺（鳥羽天皇）、延勝寺（崇徳天皇）、円勝寺（鳥羽天皇の中宮待賢門院）と建設が続き、六勝寺と呼ばれた。この岡崎白河一帯をはじめ、洛外の貴族の別荘が寺院になる。宇治の平等院が永承七年（一〇五二）にできて、その翌年に鳳凰堂が生まれた。すべて平安末期の末法思想の表現である。

建築の量の大きさでは、秀吉が抜群であるようだ。方広寺大仏殿は東大寺の大仏殿を凌駕する規模であり、それに聚楽第、御所の造営、その直前に大阪城を築き、また淀城、伏見の隠居城を建築している。

京都についての「文化複合体としての京都」という座談会が吉田光邦、宗政五十緒、村井康彦、森谷尅久の諸氏によって行なわれ、その討論記録があるが、そのなかで森谷さんがこのことを指摘し、村井さんがそれに匹敵するのは院政期で平正盛、忠盛、清盛の三代で、三十三間堂や法勝寺の八〇メートルの八角九重の大塔などを建てている時代だという。森谷さんはまた「だいたい京都の現実の寺社は、ほとんど桃山期ですね。古い寺社はないといってもいいくらい少ないでしょう。多少、鎌倉期のもあるとして……」とも発言している。「里内裏」と呼ばれた現在の御所は、明徳四年―一三九二年に造られた。もと大内裏の東北にあった平安京の内裏は、建設時から承久元年―一二一九年までに一五回も火災にあい、再建中の殿舎が炎上した安貞元年―一二二七年以後は造られなくなったという。あと御所は転々としたのち、現在の御所に定まったという。

礼を軸とした文化

この座談会を中心とした、吉田光邦・森谷尅久編『文化複合体としての京都』（至文堂　一九八五）は「国文学解釈と鑑賞」の別冊であるが、その巻頭に吉田光邦氏（元・京都大学人文科学研究所教授）が「都市空間における人と物の世界」という文章を書いている。そこで吉田さんは、京都の五月・一〇月の祭り月に市内各地に散在する神社の祭礼に登場する剣鉾を紹介している。剣鉾は平安時代に起源をもち、およそ二〇〇本がいまも頭屋《とうや》のシステムで祀られているという。この頭屋システムはいまでは少数になったが、なお供物、行事、直会《なおらえ》の宴などが続いている。吉田さんは、この神祭が、中国の思想である〝礼〟によって成り立っているという。すなわち、京都は古くから中国の思想を枠組みとしてつくられた世界であり、御所の紫宸殿《ししん》をはじめとする「中国の道教の神の名を用いた殿舎によってデザインされている。そして山紫水明、山河襟帯という自然の景観も、中国的な文辞によって語られるのである。また京都の異名は洛陽であり、長安である。いずれも中国の首都名であることはいうまでもない。この枠組みのなかで生きる人びとを、秩序づけるものが礼であった。礼を守ることこそ、都市生活を成立させる方法だったのである」と吉田さんはいう。

この礼の表現として美意識が働き、祭りの道具もデザインされ、生活も演技される。観念の上にきずかれた人工都市。それを維持するために人工秩序の礼がある。人工的に設定された行事がまずあって、季節もそれにともなう。京都では祇園祭が真夏の始めであり、大文字の送り火が夏の終わりである。茶の湯が京都ではじまったのは偶然ではない。空間と人とものによるシステム。その中軸は礼にある。と同時にそれらはすべて美しくなければならない。均衡のとれた、平静な美しさである。「巨大な都市空間と、そのなかに生きる人とものの世界。それらの相互の緊密な関係のなかに京都は存在する。しかし近代、そして現代は今や時には抗いがたい力をもって、この都市のなかに入りこみつつある。それに京都は対処しうるかどうか。その意味での京都は、ひ

とつの危機を迎えている。」(吉田前掲書。一九八五。一〇―一三頁)

都市は山川草木をふくめて、ある意味ではすべて人工的であるといえよう。しかし、その枠組みに中国の思想と礼をあげた視点はユニークだ。最大限の自由を享受するために最小限の規律をもとめることは、都市の人間関係には不可欠の要件であろう。

京ものの成立

岩波新書の名著『京都』(一九六二)の著者、林屋辰三郎先生は、古代から現代までを、まさに通史を書くことができた人であった。その筆になる、中公新書の高取正男編『京女』(一九八二)の「あとがき」は、編者高取正男氏の急逝を受けて、編者に代わって執筆されたものであった。短文ながらすばらしい。その一節――

「わたくしが京女といわれて、東男というほかにすぐに連想するものは、やはり京の文字を冠したさまざまな名辞である。最も古いものは桃山時代にはじまった京焼といわれる陶器群だが、そのほか京言葉、京紅、京白粉、京呉服、京料理など、京の名を冠した生活風俗が数多く出現する。」(前掲書、高取編『京女』林屋の執筆「あとがき」一九八二。一八二頁)

これらは一八世紀の末の明和・安永のころの感覚とみてよいという。狂歌師半山に「花の都は二百年前にて、今は花の田舎たり、田舎にしては花残れり」と、「田舎」と断定された時期から、京都のなかに、むしろその残り花を伝統として生かして行くうごきがはじまり、観光都市として京を再び二百年前に引き戻すうごきがあった。「そのうごきのなかには、相次ぐ名所図絵の刊行、各社寺の遠忌《おんき》や開帳《かいちょう》の行事、そして明確ではないが奠都《てんと》一千年を思わせる伝統の復興が、寛政大内裏の建設を中心に試みられるのであった。そしてこのような『観光』は、現在考えられるような企業家らの営利的開発につながるものではなく、国光を観覧するという原義で文化の保存のために役立てられたのである。」（林屋同書。一九六二。一八二―八三頁）

『京都文化の座標』

林屋先生の『京都文化の座標』（人文書院　一九八五）の言葉を借りれば、歴史的特徴として、つぎの五つの「文化」の系譜としてとらえられる。（林屋前掲書。一二―一二頁）

［A］　渡来文化：五世紀以来の秦氏をはじめとする渡来人の文化。土木、才技、機織、あるいは社寺の創祀。鴨川の附替え、堀川の運河化、都城の建設など。平安初期の漢風への憧憬もその影響。異国的なものへの寛容性と国際的感覚の基礎となる。

［B］　王朝文化：藤原氏を中心とする貴族文化。平安京に咲き、後世の文化の規範となる王朝文学、『古今和歌集』『源氏物語』などと、それを芸術化した四季絵、絵巻。さらに『梁塵秘抄』の今様。それが戦国時代の『閑吟集』に継承されて伝統文化となる。

［C］　社寺文化：国家鎮護、王城守護の東寺、延暦寺。それにつづく仁和寺、醍醐寺。いずれも皇室関係の御願寺。その仏像、仏画。中世になって個人救済の聖のための寺院が急増。一遍（一二三九―八九）、法然（一一三三―一二一二）、親鸞（一一七三―一二六二）、明庵栄西《みょうあんえいさい》（一一四一―一二一五）、道元（一二〇〇―五三）、夢窓疎石《むそうそせき》（一二七五―一三五一）、そして日蓮（一二二二―一二八二）。そして北野天神講。禅の五山の庭園、詩文絵画の文化財。法華信仰は町衆文化につながる。

［D］　町衆文化：中世末期の地域的集団生活から生まれた。室町時代、応永（一三九四―一四二七）の頃から町組が結成され商工業者を中心にした町人組織をつくり、嘉吉の変（一四四一）頃からは土一揆に対抗して土倉と協力して町衆文化を確立、応仁文明の乱（一四六七―七七）前後には中核組織に成長。「明応（一四九二―）から天文法華一揆を拠点として永禄一一（一五六八）年信長入京に至る時期には、町衆文化は経済力における土倉衆のみならず、文化的教養をもちながら没落してゆく公家衆をも、地域的連帯のなかにふくみこみながら発展した。それは町衆が最も完全な姿を現した時である。」（林屋前掲書。一九八五。一八頁）東山文化も、この町衆を基礎としてはじめて可能だった。また王朝以来の諸行事も、町衆の手で復興された。

［E］　政治的中心は江戸に移り、京都は「花の田舎」になるが、文化の花は依然として京都にあった。まず寛永期（一六二四―二八）の本阿弥光悦（一五五八―一六三七）、俵屋宗達（生没年不詳）の作品、桂離宮、曼殊院などの門跡《もんぜき》寺院の独自の文化が茶、花、香などの道を生む。ついで元禄期（一六八八―一七〇三）の新興町人階級の勃興と尾形光琳（一六五八―一七一六）、尾形乾山《けんざん》（一六

六三―一七四三）らの文化継承、茶や花の大衆化。第三は化政期（一八〇三―一八二九）で、西陣産業の衰退と平行するが独自の学問、芸術が育ち近代につながって行く。

おなじ文章の中で、林屋先生は京都文化の内容的特徴として①技術性、②意匠性、③宗教性、④流通性、⑤伝統性を列挙している。いわば林屋京都学の総括といえるだろう。

ＮＨＫ京都放送局が放映した森谷尅久氏の市民大学講座「町衆文化」をもとにして、森谷さんは『町衆から町人へ』（ＮＨＫ出版　一九七八）という書物を編んだ。その最後に、町衆という概念を歴史にもちこんだ林屋先生との「総括」が収められている。そこでは、町衆概念を狭く限定してそれが町人に移って行くという見方をする森谷さんと、地域的なまとまりを強調して、内部の階層性を重く見ない林屋先生の見方が対立している。

『京都文化の座標』というこの林屋先生の書物（人文書院　一九八五）は、あとの「京都と南禅寺」という章において、京都が三度廃絶に近い危機にみまわれたとする。

第一の危機は源平合戦である。「方丈記」に描写された、安元元年（一一七七）大火でその大半を焼きつくした京都に、治承四年（一一八〇）平家の専横に対抗して源頼政の挙兵にはじまり、寿永四年（一一八五）の平家滅亡に至る。その間に福原遷都もあり、さらに鎌倉幕府の開府によって政治の中心が移る。今様に「古き都に来てみれば、あさじケ原とぞあれにける」とうたわれる時期であった。それを古代的な政治都市から宗教都市へと変質して、危機を脱した。京都五山もその時に建設された。

第二の危機は応仁の乱（一五世紀後半）であった。宗教都市としての京都は衰微、それを救うのは商業都市への変質であった。商工業者を中心とする町衆が登場して、その基礎に西陣の機織があった。町衆の力による王朝の文化の復興もあり、西陣の隆盛期の元禄時代をむかえるが、大火に見舞われ、技術を原料糸生産地に奪われて、第三の危機、東京奠都をむかえることになる。

「この第三の危機に当たって、京都はみずから古都となるよりも、近代都市化の道をえらんだ。」学区制の施行によって学問教育の基礎をきずき、西陣、清水焼などの伝統産業の近代化をはかり、琵琶湖疎水事業などを推進して、近代化をなしとげた。

「京都は、政治的都市からはじまって、宗教・商業・近代化と三転しつつ、それらを総合して現在をきずきあげてきた。」（林屋前掲書。一九八五。一三七頁）

この総括によって、京都文化の特徴は、ほぼいいつくされているかに見える。

革新勢力の帰趨

敗戦後の日本において、京都は数すくない焼け残った大都市であった。日本は占領下の一連の「民主化」政策のなかで新憲法のもとで、焼け跡からの国民生活の復興から、産業の再建にすすみ、国際関係ではサンフランシスコ条約によって独立国の地位を回復し、朝鮮動乱などの動きを契機にして高度経済成長期に入り、国力を回復して、世界でも有数の経済力をもつ国家として現在に至っている。

戦後の半世紀の間に、京都はおおきく変貌した。そして今の京都は、林屋先生流にいえば、第四の衰亡の危機をむかえる時期に入っているのではないか。

京都は、第二次大戦後の民主化の過程で、二八年間におよぶ蜷川虎三知事(一八九七―一九八一)の革新府政(一九五〇―一九七八)を実現した。大阪府や東京都も革新知事を出したが、このような七期にわたる長期政権は珍しい。それも事実上、共産党の主導による統治であったといえる。初当選のとき、京都市長は高山義三氏で、これも革新派として登場したが、のちに保守派に移った。蜷川知事も最初は社会党の推薦の民主統一戦線の候補であったが、三選目(一九五八)には自民党が推薦して、共産党は対立候補を立てた。四選目から六選目までは社共共闘が実現したが、七選目には社会党が事実上分裂して府本部委員長が立ち、対決となり、蜷川知事は「共産党を骨まで愛する」と言った。しかし七選目で引退した。

蜷川知事は、統計学者として業績を上げ、敗戦の年に京都大学経済学部長であったが、四六年三月、学部再建策として全教授・助教授の辞表提出のリーダーとなって退官、四八年八月、芦田内閣の商工相水谷長三郎に乞われて新設の中小企業庁長官に就任、四九―五〇年の中小企業の三月危機説を唱えて政府部内で物議をかもし、吉田内閣によって罷免された。五〇年四月、市長選に勝って意気のあがる革新陣営から推されて知事に当選した。「反共は戦争前夜の声である」「憲法を暮らしのなかに生かそう」などの蜷川語録をのこしている。工業再配置促進法によって西陣が移転促進地域に指定されそうになった時、共産党は「伝統産業は除外せよ」と政府に迫り、得票率を一挙に倍近い三〇パーセントに上げたといわれる。「保守の〝革新的政策〟が、ここでは伝統を守ろうとする革新側の勢力拡大につながった」と、読売新聞は書いた。蜷川知事は中小企業への無担保融資、補助金など、保護育成策をとり、それが長期の蜷川〝独裁〟を支えた。朝日新聞社の『現代人物事典』(一九七七)は「『自治体とは住民が住民自身の暮らしを守るための組織』という蜷川の政治理念は、四半世紀をこえる蜷川府政を通じて府民大多数のものになったといえよう。」(中略)「しかし、蜷川自身の綱紀粛正に対するきびしい態度にもかかわらず、一部に知事多選(同一権力の永続)に伴うひずみが生じたことも事実であり、七四年知事選挙における社会党(共産党とならぶ蜷川府政の支柱)の動揺などの問題も生じている。」と書いている。

蜷川知事が去ってからすでに二二年、知事も林田悠紀夫氏、荒巻禎一氏と交替したけれども、京都の革新はなお根強い力をもっている。なぜだろうか。

それは京都の有権者の大部分が、桓武天皇の平安京建設、最澄の延暦寺、空海の東寺、藤原道長ら貴族の邸宅、京都五山などの寺社、足利義満らの花の御所や金閣、銀閣、豊臣秀吉の聚楽第や方広寺大仏、本阿弥光悦らの鷹ケ峰、などなどの特権階級の生活とは無縁であるか、あるいはそのような権力者に使役されてきた存在である、〝京童〟の末裔の大衆であることを理解すれば、おのずから理解できるのではないか。彼らは、関ケ原の合戦と大阪の夏の陣のたまゆらの合間に行われた大祭礼、すなわち慶長九年一六〇四年の豊国大明神の臨時祭礼図に描かれている、風流《ふりゅう》踊りの群集のように、機会を得れば踊りはねるが、つねは貧しい都市生活に埋没している人びとだからではないだろうか。彼らのケの生活がけっして容易ではないことは、まだ田畑を耕して食物を得ることができる百姓とことなって、まず食料を手に入れなければならないことだけでも、あきらかであろう。〝析出された都市プロレタリアート〟は、古来京都には満ちあふれていたのだといえよう。その人びとの生きていることの不安、不平不満、嫉妬、怨念は、なにも京都に限らないとしても、根強く維持再生されてきたのだといえる。

魔界と霊性と

自然による脅威として、洪水、落雷などとともに、流行病—疫病がおそれられ、その対策として疫病神をまつることがはじまり、それがやがて祇園祭になったことは、あらためていうまでもない。北野天神は菅原道真（八四五—九〇三）を祀っているが、それは学業上達の神様になる以前は恐ろしい雷神のイメージをともなう怨霊神であった。桓武天皇（七三七—八〇六）が弟早良親王が謀反の嫌疑によって太子を廃され、淡路島に流される途中絶食して憤死したことで、その怨霊を怖れて崇道天皇と諡《し》（おくりな）し、他の七柱の怨霊神（伊予親王、藤原夫人吉子、橘逸勢、文屋宮田麿、吉備真備、藤原広嗣、火雷天神すなわち菅原道真）とともに上と下の御霊神社に祀られている。

京都の市中にも、また洛外にも、超自然的な祠や社がたくさんある。その代表的な存在は一条戻り橋のそばにある晴明神社であろう。最近、夢枕漠氏の『陰陽師』(文芸春秋　一九八八)と岡野玲子氏によるその劇画が評判になっている。その物語は朝日新聞にも連載されたが、陰陽師安部晴明とその友人の源博雅を主人公とする話である。安部晴明は平安時代中期の陰陽家で、寛弘二年(一〇〇五)に没したことになっている。大膳大夫、左京権大夫、天文博士などを歴任し、藤原道長(九六六―一〇二七)、行成(九七二―一〇二七)などの求めに応じて吉凶を占い、病気や物怪の調伏をおこなったとされている。十二体の式神を橋下に封じ込めていて、必要に応じて使ったという。また、源博雅(九一八―九八〇)は醍醐天皇の孫にあたる雅楽家で笛、ひちりきの名手とされた。この二人を登場させた小説―劇画は、王朝時代の京都のおどろおどろしさをうまく描いていて、それが現代に話題となることは興味深い。『今昔物語』や『宇治拾遺物語』に登場する晴明がなお注目されているのは、日本人の心の深層に魑魅魍魎《ちみもうりょう》や鬼が伝えられているのだといえるかもしれない。そのように考えると、京都には洛中洛外にたくさんの物語性を秘めた場所があることに気がつく。かつて私は『歴史読本』誌の特集「魔界都市平安京」に祇園祭についての寄稿を求められたことがあるが、それには高野澄氏(歴史家)が「京都魔界案内」として、つぎのような場所を紹介している。「一条戻橋、神泉苑、珍皇寺、鳥辺山、羅城門、将軍塚、愛宕山、御霊社、蓮台野、鞍馬山、太秦、大内裏、比叡山、化野、吉田山、志明院、岩倉、逢坂山、貴船、土蜘蛛塚。」かなり恣意的な選択であるが、それぞれに魔界らしい説明がつけられている。

嵯峨野や高尾、八瀬大原などにも、まだまだ魔界らしい場所があるのではないだろうか。タクシーの運転手にそれとなくたずねると、「深泥池なども……。幽霊を見たタクシーの話もありますよ」ということだった。京都の寺社には、観光化されて訪問者のにぎわう名刹、名神大社のほかに、小規模なまま市中にあってなお祖先供養の人びとがおとずれ、香華《こうげ》のたえない墓地をそなえたお寺もすくなくない。そういう場所にはいわば市民の霊性がやどっているといえよう。地蔵盆のささやかな集いも霊性の表現であろう。

モロッコの古都フェスとの比較

突飛に思われるかも知れないが、私は多くの面で、京都がモロッコの古都フェスに似ていると思っている。そのことはすでに、『モロッコの迷宮都市フェス』（平凡社　一九九六）に書いたが、類似点だけをあげると、つぎのようなことになる。

まず日本とモロッコについて――

①ともに四不像（蹄はウシに似てウシにあらず、頭はウマに似てウマにあらず、角はシカに似てシカにあらず、身はロバに似てロバにあらず、というシカ科の哺乳類）のようなところがある。

すなわち、日本はアジアに似てアジアにあらず、西洋に似て西洋にあらず、モンゴル人に似てモンゴル人にあらず、仏教徒に似て仏教徒にあらず。モロッコはアフリカに似てアフリカにあらず、ヨーロッパに似てヨーロッパにあらず、アラブ人に似てアラブ人にあらず、ムスリムに似てムスリムにあらず。
②ともに中国文明、アラビア文明の周縁に位置していること。それがこの四不像的性格を作っているのだといえる。
そして、京都とフェスについて——
①歴史の長さがほぼおなじ：平安建都は七九四年、フェスの建設は七九二年に計画されたが、王の暗殺によって次代の王によって八〇八年に建設が開始されている。
②「王城の地」として共通：御所と王宮がある。その意味で聖なる都の意識が共通。ともに宗教的建造物が多く、大勢の巡礼を迎えている。
③交通の要衝に位置している。
④その結果、商業機能が集中、伝統工芸を育てた。織物、染色、皮革製品、伝統衣裳、陶器、貴金属加工、細工物、家具木工品、宝飾品などの伝統工芸品の職人が多い。
⑤貧富の差が大きい。すなわち都市としての階層性が明確に認められる。
⑥教育の伝統がある。ともに初等教育の施設も充実、高等教育の伝統も大きい。
⑦ともに、人口集中が見られ、旧市街地には老朽化した住宅が密集している。
⑧ともに、象徴的に国民文化を代表する古都とみなされている。
文化の文脈をはなれて、文明の基礎となる特徴を比較するならば、京都を再認識する道もひらけるのではないだろうか。

第五章　複雑系としての祇園祭

祇園祭の山鉾の説明をするとき、私はいつも困惑し、ミシェル・フーコーの有名な書物である『言葉と物』の序に紹介されている、ホルヘ・ルイス・ホルヘスのテクストからの「シナのある百科事典」のことを思い出す。すこし長いが孫引きしよう。

「動物は次のごとく分けられる。（a）皇帝に属するもの、（b）香の匂いを放つもの、（c）飼いならされたもの、（d）乳呑み豚、（e）人魚、（f）お話に出てくるもの、（g）放し飼いの犬、（h）この分類自体に含まれているもの、（i）気違いのように騒ぐもの、（j）算えきれぬもの、（k）駱駝の毛のごく細の毛筆で描かれたもの、（l）その他、（m）いましがた壺をこわしたもの、（n）とおくから蠅のように見えるもの。（フーコー［渡辺一民・佐々木明訳］新潮社　一九七四。一三頁）」

「この分類法に驚嘆しながら、ただちに思いおこされるのは、つまりこの寓話により、まったく異なった思考のエクゾチックな魅力としてわれわれに指ししめされるのは、われわれの思考の限界、《こうしたこと》を思考するにあたっての、まぎれもない不可能性にほかならない。」とフーコーは論をすすめている。

山鉾を〝定義〟しようとすると、この「事典」のようになってしまうと、私はいつも苦笑してしまうのである。

山と鉾はいずれも祇園祭の山鉾巡行に参加してくる、山町、鉾町のつくりもの、いわゆる山車を指している。いまその数は三十一基である。ほかに、焼山とよばれる元治元年（一八六四）の禁門の変の〝どんどん焼け〟で焼失したまま復興していないものが、私のしるかぎりでは三基。鷹山、布袋山、凱旋船鉾（大船鉾）がある。室町時代には五八基をかぞえた山鉾が明応九年（一五〇〇）には〝さきのまつり―歓迎パレード〟に二六基、〝あとのまつり―歓送パレード〟十基を数えたという。今もそのほとんどが継承されている。現在の巡行にはこの両者が共に参加していて、歓迎列のあと歓送列がつづく。なお歓送列はすべて山である。

鉾は船の形をした船鉾のほかは、長刀鉾、函谷鉾、菊水鉾、鶏鉾、月鉾、放下鉾のいずれもが四つの車輪をそなえ、二階に舞台を設けて囃し方が乗り込み、屋根の上に二十数メートルの真木を立ててその頂上に鉾頭（ほこがしら）をつけ、以下順に、小幡、小屋根、天王人形、天王台、四つ～七つの「しゃぐま」そして榊、さらに大幡と二つ～三つの「しゃぐま」をつけている。

鉾頭は、長刀鉾は長刀、函谷鉾は月に山形、菊水鉾は菊花、鶏鉾は三角に日の丸、月鉾は三日月、放下鉾は日月星であり、船鉾は社殿を載せているが、鉾頭はない。遠くから見ても、この真木のてっぺんに輝く鉾頭によって鉾が識別できる。

これらの鉾はすべて数十人の曳き方が、長い曳き綱をもちいて巡行路を移動する。

ところが、じつは最近になって綾傘鉾、四条傘鉾の二つの傘鉾が復活して、この様式でない

〝鉾〟が加わった。この様式の方が古い鉾であるといわれている。それは、今宮神社につたわるやすらい花の花傘に近い、傘鉾の様式である。綾傘鉾は二基、四条傘鉾は一基の傘鉾で、それに棒振り踊りや稚児行列などがつきしたがっている。綾傘は六三年から復活の動きがあって七九年に巡行に参加、四条傘は八五年に復活して翌年から巡行に参加した。（傘鉾のほかに、剣鉾があるが、祇園祭の行列には参加していない。）

そのために、鉾は大型で曳くものという定義はあてはまらなくなった。

他方、山のほうにもいわゆる舁山《よやま》と曳山《ひきやま》がある。舁山は組み立てられた木枠の上の舞台に、それぞれの「ご神体」と松あるいは杉（太子山）の「ご神木」が飾りつけられる。さらに鳥居や傘がつけられ社殿がしつらえられているものもある。しかし、まったくそのようなものがなく、牛若丸と弁慶の人形が対になっている橋弁慶山もあり、浄妙山のように平家物語の宇治川合戦で、三井寺の僧兵筒井浄妙が橋を渡り一番乗りをしようとしたときに、一来法師が「悪しうそうろう」とその頭上を飛び越えて一番乗りしたという故事の一瞬をとらえた人形もある。

他方、曳（き）山は歓迎列の岩戸山と、歓送列の南観音山、北観音山であるが、これは曳き鉾と同様に四輪を備えて綱で曳き、ご神体と囃しが載っているが、真木のかわりに松の木を立てているところが鉾とちがう。

このように、山鉾を定義することは、かなりむずかしい。つくりもの、だしもの、といっておくほうが無難かもしれない。

個々の山鉾の風流（ふりゅう）のルーツをさぐると、この祭礼はさらに、ひとすじなわにはいかない、複雑な奥行きがあることがわかる。狂言の「鬮罪人《くじざいにん》」は祇園会《ぎおんえ》の頭人にあたった主が、出し物を仲間と相談する、主は鯉の滝上りの趣向を思いつくが、太郎冠者がそれは鯉山町がやっているという。客の一人が橋弁慶のアイデアを出すが、これも橋弁慶山町がやっているという。そして太郎冠者が、「峨々たる山とその下に河原をつくり、そこで鬼が罪人を責める」という趣向をだして賛成され、鬮を引いて笛、太鼓、警固などの役を客人たちが引き、主が罪人役、そして太郎冠者か鬼役に決まる。練習で召使の太郎冠者が主を責めるというストーリーである。この狂言から、ある時期には風流は町の人々が祭礼の都度その趣向を工夫したこともあったのではないかと考えられている。たしかに町衆の教養・知識を反映していることはまちがいない。

宗教的背景や、故事来歴をもとに、あえて分類してみると、つぎのようになる。

①神道系の山鉾

八幡山：新町通三条下る三条町：源氏の祖神、八幡さまだが、ここは石清水八幡宮を祀る、「八わた山」として応仁の乱以前にもあったという。

霰天神山：室町通錦小路西入る天神山町：永正年間（一五〇四―一五二〇）に大火があった時、

霰が降り猛火を消した。その時一寸二分の天神像が降ってきたので、それを祀ったという。そのため天明や元治の火事にもこの町は焼けていない。

油天神山：油小路通綾小路下ル風早町：風早家という公家屋敷があって、そこに祀られていた天神像を勧請したといわれる。火尊天満宮とよばれて、愛宕神社も合祀されている。天明の大火（一七八八）に焼け、元治のどんどん焼けと呼ばれる蛤御門の変（一八六四）にも被災、八年後の明治五年に復興した。

鈴鹿山：烏丸通り三条下る場之町：鈴鹿権現すなわち瀬織津姫命を祀る。川の神であり、また祓い戸の神ともいわれ、素戔嗚命《スサノオ》の妃ともいわれる。その神の面は、山鉾のなかでもっとも美貌の女神だといわれる。

月鉾：四条通室町西入る月鉾町：鉾の辻の西南角の鉾だが、真木の中ほどの天王台に載った月読命が祭神。古事記によると、伊弉諾尊《イザナギ》が黄泉の国から戻ってきて禊をしたとき、右の眼を洗った時に生まれた神である。

長刀鉾：四条通東洞院西入る長刀鉾町：毎年くじとらずで巡行の先頭を行く鉾で、鉾頭には厄除けを象徴する長刀が輝いて入る。選ばれた稚児が乗りこみ、四条麩屋町に建てられた注連縄《しめなわ》を太刀で切って巡行が出発する。考えてみると、この鉾が唯一の八坂神社のための鉾ということになる。

この他に、古い傘鉾の形式をつたえる綾傘鉾、四条傘鉾が近年になって復活している。その原形は春の今宮神社の「やすらい花」の行事の花傘に見られる。この祭礼は、疫病が花びらとともに散ることを鎮めようという鎮花祭とされているが、これも神道のながれを汲むものといえるかもしれない。

②仏教系の山鉾

北観音山：新町通六角下る六角町：楊柳観音と韋駄天を祀る。天明の大火で焼けたが、お顔だけ無事だったので脇侍とともに新造したという。町内に三井家、伊藤家（松坂屋）など分限者がいて、四輪の曳き山になった。ただし真木のかわりに松の木を建てる。元治の戦火には土蔵が頑丈で損害は軽微であった。

南観音山：新町通錦小路上る百足屋町：楊柳観音と善財童子を祀る。宵山の深夜に、この観音様を連台に載せて町内を回る「あばれ観音」の行事で有名。明治以前は北観音山と交替で隔年に巡行に参加していたという。天明の大火で罹災、仏頭だけ持ち出して後に補修したという。北と同時期に曳き山となり、松を建て、柳の枝を飾る。松のそばに尾長鳥の木彫をつけ、北観音山は鳩の木彫だが、その由来は不明。

太子山：油小路通仏光寺下る太子山町：聖徳太子が四天王寺建立のために山中で良材を求めたという伝承によって、鉞《まさかり》をふるう聖徳太子像が主神である。この山だけが松でなく杉が建てられ、それに如意輪観音像を奉戴している。

放下鉾：新町通四条上る小結棚町：放下僧というのは、社寺の境内で雑芸を演じていた芸能者であるが、この鉾には、真木の天王台に祀られているのが放下僧の人形であることから、その名の由来がある。もとは、洲浜《すはま》鉾と呼ばれていた。すはまとは、浜の水際の不定形の曲線で、めでたい印とされている。それが鉾頭に掲げられていたので、この名があったといわれる。生稚児はいま三光丸というあやつりもできる人形が載せられている。

③修験道系の山

役行者山：室町通三条上る役 行者山町《えんのぎょうじゃ》：ご神体は役行者、一言主神、葛城神の三体を飾っている。役行者はいうまでもなく修験道の祖とされている神であり、一言主神は葛城山に住む神で、山町では前鬼さんと呼んでいる。行者の言うことをきかないので谷に呪縛されたという。葛城神は謡曲「葛城」で自分の醜さを恥じ入る挿話をもつ神である。この山は修験道との結びつきが強く、他の山鉾と異なって吉符入りや清祓いの儀礼がなく、その代わりに「聖護院御参詣」といって聖護院の山伏が〃みたまいれ〃を行い、また山伏が六角堂に集合後、山伏山、霰天神山、南観音山、北観音山を巡拝後、この山で護摩を焚く。

山伏山：室町通蛸薬師下る山伏山町：山伏姿の御神体は浄蔵貴所という平安前期の人物で、その大峰山入りの姿という。この人は天慶の乱のとき平将門を調伏し、八坂の塔が傾いたとき、法力で直したと言われる。一五日の清祓いのあと聖護院の僧が経をあげ、また一六日の護摩を焚く山伏たちがまずこの山に参拝する。

④日本神話系に由来する山鉾

船鉾：新町通綾小路下る船鉾町：他の鉾とは異なって船の形の鉾に、神功皇后《じんぐうこうごう》、住吉明神、鹿島明神、竜神安曇《あずみ》磯良の四体の神像が載っている。これは神話上の神功皇后の三韓征伐の神話によるもので、皇后を助ける住吉・鹿島の二神と満珠干珠を捧げ持つ竜神が登場する。安曇磯良についての話はおもしろい。皇后がこの遠征の帰路、応神天皇を安産したというので、安産の神様であり、その神面は皇室のお産のときにたびたび御所に差し出したといわれる。祭礼には、その神面改めの行事が町内である。

岩戸山：新町通高辻上る岩戸山町：伊弉諾尊、天照大神、手力男命の三体の神像を載せている。「国生み」神話と「天の岩戸」神話を合わせたかたちである。伊弉諾尊が屋根の上にまたがる形に飾られている。

占出山：ご神体の神功皇后が鮎を釣っている姿。昔は「鮎釣り山」ともいった。くじ取り式で、この山のくじ巡が早いと、その年はお産が軽いとされ、安産のお守りと腹帯が授与される。このように、いろいろと女人禁制のタブーのある祇園祭で、日本書紀に登場する神話上の皇后が主役になり、しかも安産の神様になっているのは興味深い。神功皇后神話は、古代日本の侵略にかかわる話だが、町にはそういう自覚はないようだ。むしろ女性のひとつの危機であるお産と結びついていることに注目したい。

⑤日本説話系の山

保昌山：平保昌が和泉式部のために紫宸殿の梅を折ってくるという説話をもとにした山である。ご神体は梅の枝を捧げるポーズをとっている。「花盗人山」ともいわれた。いまでは縁結びの神になっていることがほほえましい。

浄妙山：平家物語の宇治川合戦の際に三井寺の僧兵筒井浄妙が橋を渡り一番乗りを目指した時、一来法師がその頭の上を飛び越え、「悪しゅう候、御免あれ」と一番になったという挿話の一瞬をご神体人形にしている。一来法師を「上さま」、浄妙を「下さま」と呼び、法師の手が浄妙の頭を押えたつくりである。矢の刺さった橋桁が側に載っている。別名「悪しゅう候山」。

⑥謡曲系の山鉾

蘆刈山：謡曲「蘆刈」の趣向で、妻に去られてひとり難波の浦で蘆を刈る老翁がご神体である。

木賊山：謡曲「木賊」の趣向。わが子に去られてひとり信濃国園原で木賊を刈る老翁がご神体である。飾りの木賊は模造品であるが、人形のもつものだけは本物。

黒主山：謡曲「志賀」の趣向。ご神体は大伴黒主が桜をながめている様子を表現している。古くは「西行山」とも「西行ざくら」とも記録されていた山らしい。

橋弁慶山：狂言「鬮罪人」にも登場する古い山で、五条の橋の牛若丸と武蔵坊弁慶の一騎打ちの場面をとらえたもの。左足の下駄の歯一枚で橋の欄干に立つ。この山には他の山に見る籠製の山も松や桜の木もなく、山全体を舞台に見立てた趣向が特色である。

菊水鉾：町内の古い井戸「菊水井」にちなんで命名されたと言われるが、謡曲「菊慈童」（町内にある金剛流家元では「枕慈童」）を稚児人形にしている。菊の露を飲んで七百歳の長寿を保った童（菊丸）の能装束姿である。禁門の変で焼失したが、昭和になって一町衆の発願で復興。昭和の鉾と呼ばれている。

⑦中国の故事に由来する山鉾

函谷鉾：小学唱歌「箱根の山」で知られた函谷関につたわる故事、斉の孟嘗君がこの関所を鶏の鳴き真似によって開かせ、難を逃れたという話をもとにしている。鉾頭に月と山の形があり、真木の天王台には孟嘗君の人形が雌雄の鶏とともに飾られている。

鶏鉾：中国古代の堯の頃、天下がよく治まって訴訟用の太鼓（諫鼓）も使われずに、苔が生え、鶏が宿ったという伝承によるもので、鉾頭には三角の枠に銅の円板があり、それが鶏の生んだ卵だといわれる。別に日本の天の岩戸伝説に登場する常世の長鳴鳥に由来するという説もある。船形の天王台には住吉明神が祀られ、鶏が二羽いる。

郭巨山：中国の二十四孝のひとつ、郭巨が貧しくて母と子を養いかね、母が大切だと子を山へ捨てに行ったところ、天がその孝心を愛でて一釜の金を掘り当てさせた、という話。別名「釜掘り山」。ご神体は郭巨像と童子像、金の釜も飾られる。

白楽天山：白楽天と道林禅師の問答の光景を示す。白楽天が「仏法の大意は」と聞くと禅師は

「諸悪莫作・衆善奉行」と答える。「そんなこと三歳の童子でも知っている」「三歳の童子も知っているが、八十歳の老人でも行うのは難しい」という有名な問答である。ご神体は白楽天と松の木のもとに座る道林禅師である。

孟宗山：これも中国二十四孝の挿話のひとつ。孟宗が病気の母のため、厳冬なのに筍を求めて藪に入ると筍が生えてきた。それを掘って帰り母に食べさせると病気が治ったという話。「筍山」「笋《たかんな》山」ともいう。ご神体は雪をかぶった孟宗。

伯牙山：琴の名人伯牙が演奏のわかる友人鐘子期が死んだために、弦を断って二度と琴を弾かなかったという挿話にちなむ。ただ類話として、琴の名人戴逵《たいき》が晋王に招かれて王の機嫌を取りたくないと琴を打ち破ったという話があり、もとの「琴破山」という名称の改名について、明治四年には町内で論争があったという。

蟷螂山：古くからあったが焼山になっていたのを、一九八一年から復興した。「文選」にある「蟷螂《とうろう》の斧を以て降車の隧《わだち》を禦《ふせ》がんと欲す」に由来。唯一のからくりで御所車の上のカマキリが動くしかけを持つ山である。

鯉山：龍門の滝を登る鯉、「登竜門」の出典「後漢書」に由来する。象徴である一・五メートルもある木彫の鯉がご神体。これも狂言「鬮罪人」にも登場する古い山である。

曳き山は、北観音山、南観音山、および岩戸山である。いずれも真木のかわりに松を立てるの

郵　便　は　が　き

151-0064

恐縮ですが、
50円切手を
お貼りください。

(受取人)

東京都渋谷区上原1-47-5

学芸図書出版 人文書館 行

◆ご購読ありがとうございます。アンケート内容は、今後の刊行計画の資料として利用させていただきますので、ご協力をお願いいたします。なお、ご住所やメールアドレス等の個人情報は、新刊・書籍目録等のご案内、または読者調査をお願いする目的に限り利用させていただきます。

お名前　フリガナ　　　　年齢　　性別
　　　　　　　　　　　　歳　　男・女

ご住所　(〒　　-　　)　　TEL.

ご職業または学校名

E-mail：

※小社のホームページで書籍の詳細をご覧いただけます。
http://www.zinbun-shokan.co.jp

愛読者カード

◆ 本書のタイトル

◆ お買い上げの書店名

市群区　　　　　町　　　　　　　　書店

◆ 本書を何でお知りになりましたか。

1. 書店で見て　2. 新聞・雑誌の広告（紙・誌名　　　　　　）

3. 新聞・雑誌の書評（紙・誌名　　　　　　）4. 人にすすめられて

5. インターネット　6. その他（　　　　　　）

◆ ご購入の動機

1. 著者（訳者）に興味があるから　2. タイトルにひかれたから

3. 装幀がよかったから　4. 作品の内容に興味をもったから

5. その他（　　　　　　）

◆ 本書についてのご意見、ご感想をお聞かせ下さい。

ホームページなどで紹介させていただく場合があります。（諾・否）

◆ ご要望をお書きください。

注文書

書　　　名	冊　数
	冊
	冊
	冊

※お急ぎのご注文は　電話 03-5453-2001(代表)　FAX 03-5453-2004
電話 03-5453-2011(営業)
E-mail：info@zinbun-shokan.co.jp までお申しつけ下さい。

で、高さは一五メートルほどになるが、舞台には囃し方とともに、南北観音山にはご神体の楊柳観音、善財童子が、岩戸山には伊弉諾尊、天照大神、手力男命が乗って巡行に参加している。山にも蟷螂山のように一九八一年から復活し、屋根に羽と鎌が動くからくりを備えて人気を呼んでいるものもある。永和二（一三七六）年頃にはじまるという古い由緒を持つ山であったが、焼山となって復活が遅れていたものである。

ここまでの説明で、山鉾と総称される一連の山車を理解していただけたであろうか。むしろかえって、フーコーばりに思考の限界を超えるものであることを理解されたのではないだろうか。個々の山や鉾についての伝承をくわしく追求すると、現存するものでも松田元『祇園祭細見―山鉾篇』（郷土行事の会　一九七七）のような、あるいは、八坂神社が刊行した、若原史明『祇園会山鉾大鑑』（一九八二）のような厖大な描写と記述が必要になるだろう。若原さんの精密な遺稿ノートは大部であるが、それでもすべての山鉾を網羅していないのである。

それぞれの山鉾の装飾、懸装品とよばれる前掛け・胴掛け、見送りの織物のタペストリー、天井や格縁の絵画、錺金具など、それぞれが由来をもっている。ディテールにはかぎりない奥行きがある。山鉾連合会の編んだ大著『祇園祭』（筑摩書房　一九七六）も、多くの専門家の寄稿を得て詳細をきわめているが、それでも全貌を覆っているとはまだいえない。

脇田晴子さんの『中世京都と祇園祭』（中央公論新社　一九九九）は、祇園信仰の謎を歴史から解明しようとした力作である。

この本はまず、疫神としての祇園の神の牛頭天王が、御霊信仰と結びついての祇園御霊会の由来をたどり、祇園の神輿が町に往来することになった経緯をあきらかにする。豊臣秀吉による四条京極の御旅所の統合まで、大政所御旅所と少将井御旅所の存在したこと、疫神と竜神の関係、御霊信仰と竜神信仰の結合、御霊会の実際、牛頭天王が疫神から防疫神になる神観念の変化過程をのべ、疫神の二面性（両義性）を論じる。ついで「祭りを支えた人々」で非常に興味深い研究成果を述べ、最後に「山鉾巡行の成立と展開」の章で、応仁の乱以前から現在に至る山鉾の消長をくわしく論じている。

「十六世紀を下らないといわれる『祇園社大政所絵図』には、大政所と称する御旅所に鎮座した天王と八王子の神輿、そして降臨した本地仏のと文殊菩薩（八王子）、薬師如来（牛頭《ごず》天王）、十一面観音（婆梨采女）を拝む助正らしき人物が描かれている」とその本地垂迹《ほんじすいじゃく》の様子もうかがえる。また牛頭天王が素戔嗚《スサノオ》命になってゆく過程もかなり明確に解明されている。蒙古襲来以後の日本中心説の台頭、「悪疫徐災の神として信仰の厚い牛頭天王を、異国の神ではなく、日本の記紀神話の神として定着させる必要があり、追いやられる神として、スサノオの尊との習合が図られる結果となった。」（一〇六頁）そして、スサノオノミコトが天地開闢の中心に座ることになった、と脇田さんはいう。

ここで詳しく紹介することはしないが、この本は、疫病退散の願いをこめた民衆の祭りが、神輿渡御の御旅所の定着とともに下京の町組織によって大きい祭礼になってゆくという、中世の祇園祭の全体像を歴史的にとらえていて、祇園祭を知るためには必読文献であろう。

ここではただ、現在の三十一基プラス三基の焼山という現状になる前に、応仁の乱までには五十七基の山鉾が挙げられ、明応九年（一五〇〇）には三十五基（プラス一基？）が認められることを表にしていることだけを紹介しておくにとどめよう。

現在まで同じ町内が同じ山や鉾を出しつづけているのは長刀鉾、孟宗山、鈴鹿山、役行者山、霰天神山で、蟷螂山、八幡山、蘆刈山、岩戸山は二基が収斂したもの、逆に「かんのんふだらく山」は南北の観音山にわかれた。

山伏鉾が山伏山、太子鉾が太子山と鉾が山になったもの、また留水ほく→菊水山→菊水鉾、庭とりほく→庭とり山→鶏鉾、ほうかほく→はちが山→放下鉾、かつら男ほく→かつら男山→月鉾と、山から鉾になったものもある。

応仁の乱前にあって消えてしまったものには、能楽に取材したものが多いという。〝じねんこじ山〟もそのひとつで、脇田さんは、自身の演ずる自然居士の写真をそえている。

システムとしての祇園祭

複雑系という言葉はもともとは物理学の用語であったが、「いまでは数学、物理学、化学、生物学、心理学、経済学、情報科学、言語学、免疫学、コンピュータ科学などで対象となっていたテーマに、横断的に取り組んでいこうとするものだ（米沢富美子『複雑さを科学する』岩波書店 一九九五）」という。稲垣耕作氏は情報科学者であるが、彼がペンネーム逢沢明の名で書いた『複雑な、あまりに複雑な』（現代書館 一九九六）で、私は〝バタフライ効果〟という言葉を教わった。この言葉は「北京でチョウがはばたけば、ニューヨークで天気が変わる」という因果関係をしめしたたとえ話で、稲垣さんはマイクル・クライトンの「ジュラシック・パーク」にこの言葉のクレジットを与えている。同じことは「風が吹けば桶屋がもうかる」という日本の古いたとえ話にもつうじるとして、「桶屋効果」と呼んでもいいともいう。

複雑系というのは、要素還元主義的なこれまでの科学のパラダイムを転換して、複雑なシステムをとらえなおそうという科学の動きであり、ヒトゲノムの解読などをとおして生命科学にも波及している。ヒトゲノムの解読は、二〇世紀最後の、科学のひとつの達成といえるだろうが、科学はあたらしい法則性を複雑な現象に見いだそうとしているのだ。

祇園祭も、ひとつの複雑系であろう。

ともかく、この京都の祭礼行事は、千年にわたって、いろいろな変遷をもちながらシステムとして機能してきた。山鉾町の伝統として今日に伝えられているたくさんの行事は、その発現形態にほかならない。

ここまでは、もっぱら山鉾についてその推移を追ってきたのだが、じつは祇園祭は山鉾巡行だけではない。それは神輿の渡御の前後をかざる神にぎわいであって、八坂神社の側からみるならば、三基の神輿の渡御と帰還、神幸祭と還幸祭とよばれている行事の方がより神事そのものなのである。

それには、以下の組織が八坂神社そのものとともに重要な役割を果たしている。

① 宮本講社：神事担当の講社。講員のなかから神宝組をくじで決め、勅板、楯、弓、矢、琴の神宝をもって神輿の渡御列に参加する。

② 神輿会：中御座を舁《か》く三若神輿会、東御座と子供神輿の東若御座を担当する四若神輿会、および西御座を舁く錦神輿会がある。

③ 清々講社：八坂神社の氏子区域全体の組織：小学校の学区単位で編成されてきて、現在は二五学区。うち弥栄学区内には宮本講社がある。明治八年（一八七五）以来組織されている。各学区に清々講社があり社長、副社長などの役員がある。弥栄学区の清々講社社長は宮本講社の社長でもある。

④ 八坂神社青年会：四〇歳未満の氏子の組織。神社の諸活動の応援をする。

⑤　八坂神社清風会：四〇歳以上の氏子の組織。清々講社と青年会の連絡役。
⑥　久世駒形稚児講：綾戸国中神社の氏子から選ばれて渡御に参加する駒形稚児（駒形を胸にして神とみなされている）を出す講社。

さらに、これに加えて、一カ月の祭りの期間中にはさまざまな芸能などの奉納があり、それぞれの団体が参加してくる。たとえば、今様などの奉納、献茶、鷺舞、祇園田楽、石見神楽、学生狂言奉納、煎茶献茶式、琵琶奉納、茂山社中狂言奉納、あるいは花傘巡行舞踊奉納などである。今様などの奉納は、日本伝統芸能団という組織の奉納するもので、演目も詩吟、琵琶、日本舞踊、上方舞、一弦琴、狂言、箏曲、演武などを、宵宮祭のはじまる直前まで演じられ、今様が最初と最後に演じられる。献茶は例年、表千家、裏千家が交替で営んでいる。

このように、多様な団体がシステムとして、七月一日の吉符入りの行事から、三十一日の疫神社の夏越祭まで、粛々と進行する。十七日の山鉾巡行と神輿渡御―神幸祭、そして神輿の御旅所滞在ののちの、二十四日の花傘巡行と神輿還御―還幸祭が頂点であるが、じつに多様多彩な行事がこの祭礼のなかで展開されているのである。

山鉾巡行は、かつての前のまつりと後のまつりの巡行を一本化した結果、二十四日の後のまつりの巡行行事がなくなったために、それを補うかたちで、一九六六年から花傘巡行がはじめられた。担当は清々講社である。

いうまでもなく、こうした神事ないし神にぎわい行事には、裏方として交通整理や警備を担当する警察、火災などの予防のための消防局、ゴミ処理などの清掃局、見物を運ぶ交通機関などの対応が不可欠であり、またマスコミ報道関係も中継番組を準備するなど、それぞれの工夫がある。新聞も祭りの前からさまざまな形の報道をしている。

かつて都であった時代にも、この何層にも重なり合ったシステムが、そこで行動する人々の意識のかたまり同士が、ときに摩擦を生み、乱流をおこし、また鎮静してゆくという過程をくりかえしてきたことは、容易に推測できる。

おそらく最大の変革は、明治維新において神仏分離令が布告され、その祇園感神院という名称が八坂神社と変更されたときにあるのではないか。その時期はまた、日本が近代化の道を選択し、国際環境に適応するべく近代国家体制を進めた時期でもあった。それまでの民衆のまつりも、神道を国家神道として制度化し、一九四五年の敗戦を機にそれが廃されるまで、祇園祭もまた国家体制のもとに支配されてきた。

京都の民衆は敏感に時代を先取りしていた。天台宗の末寺の地位から、神道の神を選択して、祭神を牛頭天王から素戔嗚命に変更し、一挙に国家神道のなかの地位を高めた。いうまでもなく、素戔嗚命は天照大神の弟神である。どういう知恵者が存在していたかはわからないが、その結果、官幣大社の社格を獲得して政府の支持を得てきたのである。敗戦後この地位は剝奪されたが、こうして維持されてきた神事という名目の祭祀行事は、京都の首都としての地位を失ってからも、脈々として継承され、第二次大戦後の産業の大変革のなかでも、存続してきたといえる。やがて観光集客の手段として、この夏の大行事が利用されるようになり、文化財の名目で政府の援助をうけながら、祭礼は維持されてきた。

そのサスティナビリティ（持続可能性）は驚嘆にあたいする。それは、民衆がこの祭礼を必要としたからこそ、持続したのだともいえよう。

「神事コレナクトモ、山鉾渡シタキ」という有名な要求は、一五三三年（天文二）に祇園会を中止しようとしたとき、下京の六六町の月行事、触口、雑色などの代表が祇園社におしかけてなされたという。神輿渡御などの神事よりも、年中行事としての風流が大切だとみる町衆の行動がうかがえる史実である。この伝統がその後も脈々と生きてきた。

まことに、祇園祭は複雑系そのものといわねばならない。

祇園祭の課題

もう六年も前になる。一九九五年一月一七日未明午前五時四六分、淡路島北端を震源地とするマグニチュード七・二の地震が発生した。震度七の激震が神戸、芦屋、西宮、淡路島北部。震度六烈震が洲本、震度五強震が大阪、京都、奈良、和歌山、姫路、高松、徳島、敦賀、四日市などの各地。死者六四〇〇余名、負傷者約四三八〇〇名、損壊家屋約四六万戸。阪神淡路大震災である。避難所に避難した人は最大時約三〇万人に達した。鉄道、道路、港湾、そして住宅街や市街地は、ほとんど復興したように見えるが、まだその傷跡はまったく消えたとはいえない。肉親や知人を失った人たちの心の傷は癒えない。

そのような状況のなかで、関西経済連合会(関経連)が中心になって京阪神三都夏祭りという動きがあった。それまで五月に開催されてきていた〝神戸まつり〟が、七月二〇日の〝海の日〟という新しい国民の休日を中心にして、再開されることになったことを受けて、京都の祇園祭、大阪の天神祭とともに〝三都夏祭り〟としてキャンペーンをしよう、というものであった。JR西日本をはじめ関係企業、団体の協賛で活動がつづいた。

〝神戸まつり〟は、震災の年は開催されず、〝欠番〟ということになったが、翌年には日程を七月に変更して第二六回が開かれた。祇園祭、天神祭もそれを支援するかたちをとり、京都八坂神社の真弓宮司は舞妓さんたちとともに神戸の会場に駆けつけたという。

先日、この運動の事業としての幕引きがあって、その推進者であった当時の関経連会長川上哲郎氏、神戸商工会議所会頭牧冬彦氏、祇園祭山鉾連合会理事長深見茂氏、大阪観光協会専務理事竹内靖夫の諸氏があつまり、座談会を開き、私がその司会をつとめた。

祇園祭は千年の伝統を誇る祭礼であり、天神祭も秀吉の築城以来でも四百年を謳っている。それにわずか二五年の〝行政主導型〟の催事(神なきまつりとされてきた)では、比較にならない、という声もあった。神戸まつりの関係者からも、「横綱と幕下つけ出しでは」という躊躇する声もあった。震災後の一〇月、神戸まつりをつづけるかどうかを決める市民懇話会がひらかれて、私は座長をつとめ、そこで伝統は造るもの、いまは二五年でもやがて百年になり千年になるはずだ、と神戸まつりをはげました。それもあってこの座談会の司会の役割になった。

第六章　日本文明の基礎にある江戸・東京文化

私の江戸・東京

東京、さらに江戸についての私的なイメージを、まず述べておこう。

私は奈良県の東山中の生まれだが、父は東京の芝白金三光町の生まれで、幼少時代をそこで過ごしている。父の両親、つまり私の祖父母は、静岡県駿東郡須走村（現在の小山町須走）の出身で、東京に出て鉄道員相手の下宿屋をしていたという。芝白金三光町という地名は、はやくから知っていた。しかし私の覚えているのは、神奈川県葉山町に引退していた祖父母の記憶で、五歳のときに私は、父母につれられて、奈良の山の中から葉山に訪ねて行った。その写真が残っている。その時は、父の長兄である伯父がアメリカから、スペイン人の妻をつれて帰国したので、一族が集まったのである。この伯父は鉄道のボーイをしていて、アメリカの外交官に認められ、その秘書ないし家令としてヨーロッパ各地など、任地を共に歩き、戦争末期にはワシントンの日本大使館の留守番をしていたという人で、父の一族にとっては、いわば立志伝中の人物だった。葉山の家はその伯父の送金で買い、その伯父の帰国に備えて洋館風に増築していた。

敗戦後、小包がその伯父から奈良の家にも届いた。それには、干しぶどうやチョコレートや衣類や靴が入っていた。伯父はスペイン人の女性と別れ──市民戦争に参戦して行ったという──、ワシントンに残留していた横浜出身の女性と再婚していた。私は一九五六年に渡米留学したが、その年の暮れにワシントンを訪問して、対岸のアレクサンドリアで雑貨店を開いていた伯父と、再婚した伯母と三人のまだ幼い従妹にはじめて会った。

一九四三年四月、私は奈良の山の中の国民学校初等科を卒業して、自由学園男子部に入学した。現在の西武池袋線のひばりが丘駅、当時は南沢学園町という名の駅だったが、その近くに自由学園はあった。全寮制の学校で、自分の使う机と椅子を新入生全員で制作することから、学校生活が始まった。男子部生徒は九期生で、現在の学園長羽仁翹君や、日下公人君（評論家）はその時のクラスメートである。その後はすっかり無関係のままで敗戦を経験し奈良の山中からの大迂回の経歴を経てきたのであるが、日下君とは神戸市のポートアイランドの研究会で一緒になり、それはポートピア'81というイベントにつながって行った。そして、一九九〇年の大阪の花と緑の博覧会のときに、私が館長を勤めることになった国際陳列館に、羽仁君以下数人の旧友が来訪されて、関係が復活した。自由学園長になっている羽仁君から一度話にこないかと誘われて、一九九五年三月の卒業式に来賓演説を果たした。羽仁君から〝名誉卒業生〟にする、という話があり、間もなくその証書が届いた。

全寮制の生活であるが、週末になると外出が許される。そのころ、私が訪ねて行けるのは父方の二人の伯母と、大森に住んでいた尾崎エイという女性であった。さらに足を伸ばせれば、葉山の祖母の家には祖母と伯父がいた。

二人の伯母のうちひとりは、地下鉄銀座線の神宮前（現在の表参道）駅にちかい青葉町にいた。

伯父は台湾拓殖の重役で、多勢の娘たち、つまり従姉がいる家だった。私は渋谷駅から宮益坂をあるいてその家に行くことをおぼえ、町並みなどに慣れて行った。

もうひとりの伯母は、吾妻橋を渡った深川で酒や醬油、たばこなどを売る店をやっていた。それは茨城県下で造酒屋をしていた伯父の東京の店で、これも地下鉄銀座線の終点浅草駅から吾妻橋か駒形橋をわたってゆく、駒形の街角にあった。せまい家だが、その二階に泊めてもらうこともあった。伯父はお小遣いをくれた。観音様はそのころから親しくなり、その後上京するとよく浅草にゆく習慣がついた。

はからずも私は、山の手と下町の雰囲気を観察する機会を得たことになる。

もうひとり、「尾崎のおばあさん」と呼んでいた女性は、私の名前がその女性の亡くなった息子の名前をもらっている、という奇妙な関係であった。くわしくは知らないが、この女性は父の知人で、息子さんの死後、父が追悼録を編んでいた。その時たまたま私が生まれたので、おばあさんに同情してその名前をもらったのだという。ときどき書物などを贈ってもらい、母に礼状を書きなさいといわれたことがある。敬虔なクリスチャンであった尾崎のおばあさんは、大森の木原山のアパートにひとり暮らしで、私はそこを訪ねることもあった。おなじアパートにおばあさんの姉家族がいて、その人たちとも知りあった。そのアパートへ行く途中、京浜線大森駅の山側の改札などをよく覚えている。

私は、週末の外出の機会には、このおばあさんのところ、二人の伯母のところ、それから横須賀線で逗子まで行って、葉山に住んでいる祖母のところを訪ねるという、選択肢があったことになる。

四三年といえばすでに太平洋戦争の最中で、自由学園はいわば反軍国主義の学校、反体制の学校である。私はイートンキャップに白い襟をだした背広、半ズボンの服装が非国民におもえ、はずかしかった。品川駅でみかけた、幼年学校生徒の制服を着た同じ年代の人に、ひそかに羨望をおぼえたことを思い出す。

そのうちに、学校で盲腸と診断されて阿佐ケ谷の病院で手術を受け、尾崎のおばあさんに看病されたりした。後に肺浸潤という診断で、葉山の祖母のもとにしばらくいたが、結局、奈良にもどり、そこで敗戦をむかえた。東京大空襲のあと、被災した青山の従姉たちが、奈良にしばらく来ていたこともある。葉山にいた頃、茨城県下の造り酒屋の、駒形の伯母の家へ、食料をもらいに行って数日間いた。いまつくば学園都市の一角になっているその土地が、関東についての私のイメージにある。

あとになって、柳田國男の事跡をたどって我孫子から布川・布施を歩いた時にはそこを思い返していた。また放送大学の番組つくりで筑波学園都市を取り上げた時に、代の替わった駒形の伯母の家を再訪して、従兄弟に会い、伯父伯母の墓参をしてきた。

このように、父方の親戚たちは今も東京とその周辺にいるし、ただ仕事で上京すること以上に、関東への親近感はある。父の骨は遺志にしたがって須走の一族の墓地に納めた。

その後、私は京都の大学に移って来て、外国に行くほかはずっと京都を拠点にして生活して来た。学会などで東京を訪ねる以外には東京に住むことはなかったが、父が東京で働き始め、母や妹が奈良から藤沢に移り、さらに妹が結婚して高島平に住むことになって、東京とのあたらしい接触がはじまった。もう二人の伯母も「尾崎のおばあさん」も世を去り、父母も妹も亡くなってしまったが、京都大学定年後に放送大学に勤務していた頃には、高島平を訪ねることもよくあった。私の東京のイメージには、こうした私の生活史の事実が背景になっている。

江戸についていては、これが江戸の名残かと思うものに何度か出会っている。吾妻橋から花火を見たこともある。いちど、鈴木満男君に誘われて、末広亭(だったか)の落語を見物し、浅草で電気ブランを飲んだこともある。加藤秀俊君(社会学者)が計画した、永井道雄さん(元文部大臣)を招いた会合を、浅草の某料亭でやり、そこではじめて太鼓持ちの芸を見たこともある。(永井さんもこのような芸を見たのは初めてということだった。)また、めずらしく父とともにお酉さまのにぎわいを見物に行って、大林太良さん(民族学者)に偶然出会ったこともある。三社祭りを見物に行って、界隈をあるきまわったこともある。宮田登君(民俗学者)に江戸東京博物館のしかけ(橋が江戸の異界をしめすものだという)の説明を聞いたこともあった。断片的であるが、こうした経験が私の江戸についてのイメージの底にある。

一九四二年四月、東京のはじめての空襲で、B29が上空を輝いて飛行しているのを見た。なぜか葉山にいた伯父と父が一緒だったから、それは駒形の伯母の家だったかもしれない。それからしばらくして、私は東京を去った。

『歴史のなかの江戸時代』

江戸時代については、明治維新以来の近代化を強調する視点が強く、いわゆる封建体制のもとで停滞的な二七〇年であったという教科書風の考え方が一般的である。しかし、明治以後の近代化の急速な飛躍には、江戸時代のなかに大きく準備されていたいわば助走があったという認識が、いまではかなり広がっている。

産業革命（インダストリアル・レヴォリューション）に対してわが国の勤勉革命（インダストリアス・レヴォリューション）を対置するという独自の史観を提示したのは、速水融氏（歴史人口学者）である。その速水さんがまとめた『歴史のなかの江戸時代』（東洋経済新報社　一九七七）は、そのさきがけとなったいくつかの点を、さまざまな専門家とともに論じ、解明している。

速水さんは、歴史学界が江戸時代を封建制の後期として、身分制にしばられ、移動が制限され、五公五民ないしはもっと厳しかった幕府や領主などの支配層の収奪によって、ほとんどの民衆が自給自足の状況だったという、教科書的な見方を、断定的な歴史法則を前提にした「天動説」と呼び、それに反証を加えて、つぎのような事実をあげている。

①　一六世紀には、大きい価値観の転換があった。近畿地方とその周辺では政治的には古い制

度が残っているが、経済的には非常に進んでいる。その他の地域では経済的には遅れているが、政治的には戦国大名という新しい形のテリトリーをもった領主制（上杉、武田、今川、毛利、島津など）が出てきている。その中間地帯である美濃、尾張、三河を基盤にして信長、秀吉、家康が登場している。

応仁の乱以後の戦国の混乱を統一する原理は、城下町をつくり、兵農分離をやり、士農工商の地位をきめる方式であった。

封建制という言葉で江戸時代をくくることはできない。ヨーロッパと比較すると、一二、三世紀までと一七、八世紀までの過渡期の六百年があった。封建制は、日本の戦国大名の時代といえる。その後は、いわば絶対主義の時代であった。

江戸時代の日本人はエコノミック・アニマルだった。国民経済が自然に生まれた。自然なので、西欧風の市民精神、市民社会は生まれなかった。ヨーロッパでは、経済的には全ヨーロッパの交易網ができていて、その中でフランス経済、イギリス経済、オランダ経済といった国民経済ができた。ドイツはイギリス、フランスに対抗して、ばらばらの国をひとつにまとめ、ドイツ国民経済ができた。いずれも、国際経済が前提になっている。

日本は島国で、国際経済を前提にしないで国民経済ができた。対馬藩の朝鮮貿易などがあるが、奢侈品が中心で、ヨーロッパのようにブドウ酒、毛織物、麻織物、穀物などの生活必需品の交易ではない。海外へ向けた産業振興はなく、国内需要で十分で、幕末までは国際貿易商品生産はなかった。田沼意次の重商主義政策の時代もあった。

② 江戸時代二七〇年は全体として平穏な時代だったとされている。都会も農村も比較的落ち着いていた。しかし、江戸期後半は木の育ちが悪く、アシカやトドが和歌山県由良、島根県島根半島まで移動している。一般に地理的決定論は経済史家が避けているが、主に農業生産に依存していた江戸時代を考える時には、気候・気象の条件を無視できない。

文禄五ないし慶長元年（一五九六）の京都伏見の地震、慶長九年（一六〇五）の東海道、南海道地震、にはじまり、日本列島は地震に脅かされているが、元禄一六年（一七〇三）の関東一円の元禄地震、宝永四年（一七〇七）の富士山の噴火、天明三年（一七八三）の浅間山大噴火、寛政四年（一七九二）の島原大変、弘化四年（一八四七）の善光寺地震、安政七年（一八五四）の安政地震など、数多くの地震・噴火を経験している。

それに平行して、少雨、旱魃、冷夏、という気象上の変化もみのがせない。寛永一八、九年（一六四一－四二）の全国的冷害による飢饉にはじまり、享保一七、八年（一七三二－三三）の享保飢饉、宝暦五年（一七五五）の奥羽飢饉、天明二年（一七八二）の天明の飢饉、天保四年（一八三三）の天保の飢饉、などが続いている。

歴史気候学では、江戸期を江戸小氷期と呼んで、中世の小温暖期（平安時代中期から鎌倉時代中期までの九五〇－一二五〇年）につづく、一九世紀半ばまでの小寒冷期の一部であるが、この時期は南北朝から室町時代（一三九〇－一五四〇年）のやや温暖な時期によって二分されていて、その後半がこの江戸小氷期とされている。

歴史気候学は、江戸時代をさらに第一小氷期（一六一〇—一六五〇）、第一小間氷期（一六五〇—一六九〇）、第二小氷期（一六九〇—一七四〇）、第二小間氷期（一七四〇—一七八〇）、第三小氷期（一七八〇—一八八〇）に区分している。

そして、それぞれの時期の終わりと始めに、寛永の飢饉（一八四一—四二）、全国的飢饉（一七〇一—〇三）、亨保の飢饉（一七三二—三三）、宝暦の飢饉（一七五五—五六）、天明の飢饉（一七八二—八六）、天保の飢饉（一八三三—三九）があったことを示している。

このような年表をみていると、日本がまさに天災にたえず襲われている災害列島であることがよくわかる。近年でも、雲仙普賢岳の噴火、阪神淡路大震災、有珠山の噴火、三宅島雄岳の噴火と、天災はつづいている。阪神淡路大震災ののち、放送大学で浜田隆士氏（地球物理学者）らと共に「災害列島日本」という特別番組を制作したが、日本がそういう自然環境のなかで存在していることは、いまも変わりない。

なお、関東平野を吹く空ッ風とよばれる強風もあって、江戸時代は火事がしばしば市中を焼いた。火災件数は一六〇〇件以上であるが、そのうち九〇件は大火であった。

一六五七年（明暦三）正月一八日の大火は本郷丸山の本妙寺から出火、湯島天神、神田明神、東本願寺などを焼き、神田、日本橋の商業地区を壊滅させ、二万三千人の焼死者を出した。翌一九日昼前に小石川の与力宿所から出火、水戸屋敷から江戸城に移り、天守閣、本丸、二の丸が炎上、将軍綱吉も避難した。飯田町、市谷、番町の大名屋敷、旗本屋敷も類焼した。さらに麴町の町家から出火して、桜田、西丸下、愛宕下の大名屋敷を灰にした。結局大名屋敷一六〇、旗本屋敷七七〇余、寺社三五〇、倉庫九〇〇〇、罹災市街は四〇〇町、死者一〇万人以上という火事になった。本所の回向院がその菩提のために建てられ、火消組織が整備されるなど、この火事で江戸の社会には変化がうながされた。

もうひとつ明和の大火は一七七二年(明和九)二月、目黒から出火して、南西の風で麻布・芝から大名屋敷が多数炎上、江戸城も和田倉、馬場先、日比谷、桜田の諸門が焼け、将軍家治も避難しそうになった。京橋、日本橋、神田も焼け、湯島聖堂、神田明神、湯島天神も類焼、さらに本郷、下谷、浅草に延焼、新吉原も罹災し、千住におよんだ。また夕方、本郷菊坂の道具屋から出火して谷中、根岸、寛永寺仁王門を焼き、駒込、巣鴨に延焼した。被害は見附八、大名屋敷一六九、寺社三八二、死者は一万四七〇〇人、行方不明四万人余で、明暦の大火以来の大火といわれた。一七世紀中頃、一八世紀後半のこの二つの大火は江戸の時代を画する事件であった。

③「鎖国」について、従来の教科書的な理解には新しい解釈がすすんでいる。ポルトガルからスペインに、さらにイギリスにヨーロッパの覇権が移りつつあり、イギリスが東インド会社を設立したのが関ケ原の戦いの一六〇〇年。オランダの独立が一五八一年の独立宣言につづくスペインとの休戦条約で一六〇九年に達成されていて、東南アジアへの進出が著しい。中国もヌルハチの挙兵が一五八三年で、以来、明末清初の流動的な状況にある。

こうした国際関係のなかで、日本の対外政策も変更をうながされた。一六三七年の島原の乱もひとつの契機となったのだろうが、すでに一六三三年（寛永一〇）の奉書船以外の海外渡航禁止、翌年の日本人の海外往来禁止、出島の建設から、一六三九年（寛永一六）のポルトガル人の入国禁止、オランダ、中国とのみの通商を認めることで、いわゆる鎖国が実現したとされている。しかし、オランダとの通商、あるいは対馬藩とその釜山における倭館を経由した通商はかなり盛んで、大量の銀や寛永通宝が流出し、インドネシアでは（バリ島など）実際に通貨として使われていたという。また日本の通貨の銀の含有量が改鋳で少なくなったのを拒否されて、一七一〇年（宝永七）に対馬藩が幕府とかけあって、慶長丁銀とおなじ貿易銀を「人参代往古銀」あるいは「特鋳銀」として京都銀座で作らせ、朝鮮向けに輸出していることなどがある。また長崎を通しての海外の情報は意外によく浸透していて、たとえば地動説はかなり広く知られていた。

④　一七世紀は開墾が進んだ時代である。江戸時代のはじめと一八世紀のはじめでは、田畑が八〇％も増加している。八郎潟のように、近代的技術が必要になるところの他はほとんど開墾してしまった。享保年間から年貢はこれ以上とれないので、定免制になる。

大石慎三郎氏（近世史）は「はじめの七十年ほどの間に耕地は約二倍半、人口は約三倍といった農業社会段階としては驚くほどの経済発展をとげたと思われる。のみならず寛永十五年（一六三八）の島原の乱を最後に、以降約二百三十年にわたって、内外ともに戦いのない時代となっている。元禄時代（一七〇〇年頃）で日本の人口は約三千万あったと推定されるが、これだけの巨大民族が、これだけ長い間、平和を楽しんだ例は、恐らく世界史上他に例を見ないことであろう。のみならず問題は、それで衰退することなく、民族の活力を次の時代（明治以降）へと引き継いだことである。」と、その主宰した大きいシンポジウムをまとめた本のはじめに書いている。（大石慎三郎『江戸時代と近代化』筑摩書房　一九八六）

人口は一七世紀前半の約二四〇〇万人から、一世紀の間に約二倍に増加したと推定されていて、それも東日本で減少し西日本では増加している。明治時代以降は、逆に西日本が減少し東日本が増加しているということが知られている。士農工商の身分制社会であるということが通念であるが、実際には京・大坂や江戸の都市社会に人口が集中してきた。京は一七世紀にはなお重要な商工業の中心で、その地位が一八世紀になってから大坂に移ったとされている。一六三四年（寛永一一）には、京・大坂にはそれぞれ四一万人前後、長崎・堺は五万人、同年の江戸はわからないが、数十万人を数えたようである。一八世紀になると江戸は町人が一八三四年（天保一四）に五八万七千人、武士は六〇―七〇万人で、一三〇万人に達して、世界でも有数の人口を擁する大都市になった。

ひとくちに江戸時代といっても、一七世紀と一八世紀ではかなり様子が異なってくる。幕藩体制も、一七世紀後半では確固としたものとなり、地方諸藩も整備され、城下町が発達、農村の制度も近世としての秩序をかためる。この泰平の世は、元禄文化の開花で一八世紀に入るが、その後、一七一六年（享保元）の改革、田沼意次（一七一九―一七八八）の経済成長政策と、その反動としての、一七八九年（寛政元）の寛政の改革、そして化政期の文化の開花を経験したのちの一八四一年（天保一二）にはじまる天保の改革へと、体制が揺さぶられていることがよくわかる。

⑤　政治改革としての明治維新がきわめてドラスチックな変化をうながしたために、その前の江戸時代は〝夜明け前〟の時代としてネガティヴな評価を受けやすかった。しかし、この時代に普及した初等教育による高い識字率、さまざまな制度や慣習が、明治の変革に容易に適応し、急速な近代化をうながす基盤になっていることから、江戸時代の再評価が進んできたといえる。明治維新は〝衣がえ〟であり〝明治衣がえ国家〟、つまり明治というのは和服を洋服に替えただけで、基本的な変化はなかったという人（木村尚三郎＝西洋史）もいるほどである。一八二〇年代から近代化は始まっていた—かつて一九六八年に明治百年といわれたときに、いや化政一五〇年だと言った人（梅棹忠夫＝比較文明史）もいる。つまり連続面がかなりある、ということをあらためて認める必要がある。

さきに紹介した大石慎三郎氏と中根千枝氏（社会人類学）の編になる『江戸時代と近代化』（筑摩書房　一九八六）は、さまざまな専門家がこのテーマで論じあった論文・討議集であるが、江戸時代の諸側面が包括的に論じられている。興味深かったのは、〝日本的経営〟のルーツについての作道洋太郎氏（経済史）の享保時代に大阪で家訓が整ったという指摘と、それを受けて宮本又次氏（風俗史）が企業の永続主義を主張し、日本の公私の観念について、集団的帰属意識と国家帰属意識の連続性、さらに〝総有〟の概念に及び、中根千枝氏が「全部が競争しながら共存しようとすると、個人は集団の総有という単位にくみこまれ、その集団間の競争の成果が時間的な長さによって測られる。力よりもインスティテューションの長さによって測られる。そうすると、連続するということが生き延びるプレスティージによって測られることになるのですね。ですから生き延びることがとても大切になって、続いていないと勝負にならないわけです。私、天皇制もこれに関係があると思うのです。天皇制が出てくる時、やはり権力という資源があれでいっぱいになってしまったと思うのです。その中でそういうやり方で勝負をしようと思うと、一番古くからの祖先を持っていないと話にならないと思うのです。資源という言葉はいろいろな意味で使われるのですが、江戸時代の享保期には、資源がもう限定されてしまっている。その中で競争するとすればまさに永続性がテーマになる。そして長く続かせるには個人や血縁はだめです。子孫が絶えるということがありますから。となるとインスティテューションにして長く続かせねばなりません。インスティテューションとして続くためには、個人所有ではなくて総有でなければならない。」という発言がおもしろかった。また宮田登氏の「江戸時代に再編された日本の宗教」は、世俗化した日本の宗教事情を見事に集約していた。このあたりは、あらためて検討することにしたい。

江戸文化と東京文化

明治維新以来の中央集権体制は、東京を中心とする文化を発達させてきた。その基盤には江戸時代の江戸文化がある。幕藩体制の確立と、参勤交替による諸大名の江戸と国元との往復のような制度が整備されて、江戸は全国との交流をうながしつづけてきた。なお江戸と上方つまり京・大阪という文化の中心は存続しているが、幕藩体制のなかで築きあげてきたその政治首都性は、三世紀の間に確固たるものとなり、それは天皇が将軍の城の後継者として京都から移り、江戸を東京と改称することによって、近代日本を象徴する都市として成長してきたといえる。家康以来―太田道灌以来ともいえる―の町づくりは、山の手と下町という枠組みをもとにして、さまざまな仕掛けを造りあげてきた。一九六四年の東京オリンピック以来、高度経済成長時代を経て、東京は大きく変貌し、新宿副都心に代表されるような高層建築群をもつにいたったが、明治以降一四〇年ちかくの東京には、江戸時代との連続性をなお持ち続けている。すなわち江戸文化と東京文化は連続する側面がつよいと言えるのである。

東京文化が江戸文化の継続であることは、多くの人が認めているところである。

はじめに書いたように、私には私なりの東京への思い入れがある。しかし、私の限られた知識で、江戸東京を語ることは、烏滸《うこ》のかぎりであろう。たくさんの江戸東京についての著作があるが、そのなかから適当なガイド役を選んで、それについてゆくことにしたいとおもう。まず陣内秀信氏の著作から。

陣内秀信『東京の空間人類学』（筑摩書房　一九八五）は、「初期の江戸は、城下町の明快な理念に基づき、〈計画された空間〉として為政者の意図通りに形成された。だが、明暦の大火後、とりわけ中期以降の江戸は、城下町としての枠組みを越え、豊かな自然をとりこんで周辺部に大きく発展し、山の手では「田園都市」（川添登『東京の原風景』ＮＨＫブックス、現在は、ちくま学芸文庫）、下町では「水の都」という、いずれも〈生きられた空間〉としての都市の魅力を大いに高めたのである。現代の東京は、まさにそうした町の来歴を引きずりながら生きているのであって、近代にいくら洋風の建築や新しい交通機関が導入されたからといって、基本的骨格はそう簡単に崩れるものではない。近代・現代の東京の町も、以上のような性格をもつ江戸の町を下図としながら、その上に積み重ねられて成立しているのである。」（陣内前掲書。一九八五。一〇―一一頁）という。

この陣内氏の書物は、東京を山の手と下町に分けて、精緻にその都市構造のシステムを解読する意図をもってまとめられたもので、山の手の台地と谷地の複雑な構造を道路や坂をもとにして把握し、そのモザイク状のすみわけ構成に西欧都市と異なる空間構造を見いだし、トポスとしての大名屋敷、旗本屋敷、組屋敷、町人地を丁寧に解明している。

加賀前田侯の上屋敷が現在の東京大学になり、その庭園も三四郎池をふくめて東大構内になっている例からもわかるように、大名屋敷のまとまった土地がそのまま近代の諸施設に推移したために、比較的大規模な建築が容易に建てられたのであった。

この書物にもあるが、維新直後の山の手は、大名屋敷も荒廃したという。宮田登氏は、桑または茶を植えよという御上の通達が出たという。それをひやかす新聞記事もあった。「たとえば麴町一帯は大名、旗本の武士たちがいっせいに退去したために、人家密集地が変じて桑畑と茶畑に化していた。」（宮田『都市とフォークロア』御茶の水書房　一九九九。三九頁）明治四〜五年頃は天皇の意思として、養蚕が大流行したのである。

陣内氏はついで下町を、ヴェネツィアに比肩できる魅力的な水の都であったとして、まずその水系を紹介、その変遷の歴史をたどる。まず日本橋川筋は日比谷入江に注いでいた旧平川を太田道潅がつけ替えたものであり、江戸城建設の時に物資を運び込む水路として道三掘が掘削され、また埋め立てられた日本橋周辺の防災のために神田川を開削、平川、小石川などの南北の流路すべてを東の隅田川へ流したという。神田川の開削のときの土が日比谷入江の埋立てによる市街地造成に用いられた。皇居の内濠に沿った景観は、現在も江戸の財産を受け継いでいる。

私は生前の父が、三宅坂から桜田濠を望むあたりの眺めを、外国人にも見せたい風景だとほこらしげに話していたのを思い出す。あれは江戸の眺めのひとつなのである。

水の都はまた〝高密木造都市〟でもあった。掘割が網の目の水路を造り、火災を避けるために発達した白漆喰に黒のなまこ壁の土蔵が河岸をうずめる独特の景観を造っていた。自然の船着き場がしだいに石垣で岸をかため、蔵を建て、小さい桟橋が川面に突き出していた。水上交通は、江戸時代には陸上よりも重要な交通輸送手段であった。

明治大正期になっても、一九二三年の関東大震災までは、基本的にこの景観は遺ってきた。神田川の水運を利用した神田青物市場は、震災後、秋葉原に移り、近年大田区の新しい市場に移転するまでは機能してきていたし、日本橋の魚河岸は築地の中央卸売市場になって、いまも機能している。

江戸から継承された社寺も重要である。山の手では市ケ谷八幡、下町には広重えがく「品川すさき」州崎弁天、不忍池の弁天、深川の富岡八幡などを、陣内氏は紹介し、北東の神田明神、南西の山王権現が、寛永寺、増上寺とひとしく鬼門にあたるところに鎮まっていることを示す。さらに網野善彦氏の『無縁・公界・楽』（平凡社　一九七八）の説、すなわち「中世までの日本にあっては、遍歴漂泊する職人、芸能民の集まる寺院の門前、市場、河原、橋などには、世俗の関係に縛られない『無縁』の原理の働く『聖』なる場が成立し、一定の『自由』と『保護』が与えられた『アジール』（保護区または解放区）となっていた。しかも山林あるいは河、海そのものがしばしば聖地性を有し、アジールの性格をもつ場になっていた。このような『アジール』は近世には幕府や大名の支配下で崩されていったが、遊廓や芝居小屋などの都市社会の周縁には、ゆがめられながらもそれが生き続けたというのである」（陣内前掲書。一九八五。一二八頁）を紹介し、それを援用すれば江戸の宗教空間が容易に説明できるとする。江戸期において市中で見世物、小芝居、宮地芝居の興業がおこなわれた場所をプロットすると、それが庶民の参詣でにぎわう神社、寺院の境内や門前であることがわかる。「まず、神田明神、湯島天神、寛永寺、赤城神社、市ケ谷八幡、日枝山王、芝神明、増上寺といった台地の突端にあり、町人地との境をなすエッジの部分に成立した一群がある。また一方で、深川富岡八幡、回向院、浅草寺のような本来水辺の聖なるイメージと結びついて成立した宗教空間に登場したものも多い。」(陣内前掲書。一九八五。一二九―一三〇頁)

これらの名所を、私はすべて知っているわけではない。浅草の観音様はいまも時間があればお詣りするが、赤城神社などは、弘文堂の『江戸学事典』(西山松之助ほか編、一九八四)にも三省堂の『江戸東京学事典』(小木新造ほか編、一九八八)にも、索引には出ていない。かろうじて後者の東京年中行事のなかに〝九月一九日にちかい日曜日〟の祭礼の中に、新宿区赤城元町という地名とともに掲載されているのを発見した。地図でみると神楽坂上の付近である。

もうひとつの興業の拠点は両国の広小路であったという。元禄の大火のあと火除け地として誕生したこの地は、一八世紀中頃には江戸市民を引きつける最大の盛り場になった。「まず、神田川河口を中心に河岸沿いに料亭や船宿がひしめく一方、橋のたもとの広場を見ると、水際に茶店がずらっと並び、その内側には見世物、浄瑠璃、芝居、講釈のたぐいの小屋がぎっしりと置かれて、一種の迷路空間のような様相さえ呈している。恒久的でモニュメンタルなイメージをもつヨーロッパの広場とはまったく異質な、仮設の小屋などの仕掛けとエネルギッシュな人々の動きとが一体となった、独特の賑わいに満ちた界隈としての広場がここに生まれているのである。」(陣

内前掲書。一九八五。一三三頁)

この広場の遊興空間については、風来山人こと平賀源内が『根奈志具佐』によく描写されている。芳賀徹氏『平賀源内』(朝日新聞社　一九八一)には、この書物のよい紹介がある。

またこの地から夏の間、大川への納涼船でもにぎわった。五月二八日の川開きには、年中行事として両国の花火があり、船は川面を覆いつくすほど出たという。

西両国は隅田川が境界であったので規制が加えられたが、対岸の東両国の回向院周辺には好色物、因果物、イカサマ物の大掛かりな興業が集まった。また回向院前は岡場所としても有名で金猫・銀猫と呼ばれる私娼の宿があったという。ここは「江戸ばかりか、日本における最初の本格的な盛り場として繁栄を極めた。」(陣内前掲書。一九八五。一三四頁)

以上、陣内さんの案内で一瞥した両国の広小路であるが、彼はこの土地が網野さんのいう「無縁」の原理が働く一種の解放区であったのではないかという。

明治に入ると急に変化がうながされる。「明治六年(一八七三)頃、こうした見世物は大圧迫を受け、よしず張りの小屋掛や川沿いの水茶屋が取り払われた。近代国家の発展とともに、都市空間が管理の下に組みこまれ、江戸時代の猥雑な生命力をもったアジール的な場が奪われてしまったのである。」(陣内前掲書。一九八五。一三四—五頁)

このあと、陣内氏は「都市の演劇空間」として堺町、葺屋街、木挽町に集められた芝居小屋の話にうつり、さらに花街—廓が、一六一七年(元和三)日本橋人形町に造られ、明暦の大火直後の一六五七年（明暦三）に浅草寺裏に、新吉原として移転させられたことに言及する。そして隅田川の水辺空間、さらに近代の水辺空間にまで論をすすめている。

陣内さんは、その後東京と改称した首都の変貌を、永井荷風「日和下駄」に描写された江戸風を残した路地空間と、文明開化の建築群を比較しながら論じ、震災後の建築にみられる近代的な動き、大正末―昭和初期のモダニズムの流れを駅前広場、公園、アパートなども含めて論じている。

江戸文化については、西山松之助氏らの業績（対談集『江戸っ子と江戸文化』小学館　一九八二が出色）があり、芳賀徹『平賀源内』（一九八一）、田中優子『江戸の想像力』（筑摩書房　一九八六）、『江戸の音』（河出書房新社　一九八八）、野口武彦『江戸わかもの考』（三省堂　一九八六）、丸谷才一『忠臣蔵とは何か』（講談社文芸文庫　一九八四）、伊藤好一『江戸の町かど』（平凡社　一九八七）、守屋毅『元禄文化』（弘文堂　一九八七）など、手もとにある書物からも、その奥行きの深さがうかがえる。しかし、それを体系化することは、とうていできない相談なので、このへんで打止めにしておこう。

さらに私は古井由吉『東京物語考』（岩波書店　一九八四）が、小津安二郎の映画「東京物語」をまくらにして、徳田秋聲、正宗白鳥、葛西善蔵、宇野浩二、嘉村礒多、谷崎潤一郎、永井荷風、そして古井自身の作品を取り上げた書物と、前田愛『都市空間のなかでの文学』（筑摩書房　一九八二）の取り上げた江戸・東京を取り上げてみたかったが、これもあきらめることにする。

ともかく、日本には井原西鶴、近松門左衛門、あるいは松尾芭蕉を生んだ元禄時代があり、また化政期の前後には、十返舎一九、式亭三馬、滝沢馬琴、小林一茶、鶴屋南北、柳亭種彦、為永春水らが、つづいて江戸を中心に活躍したことを忘れてはならないだろう。

フランス印象派の画壇にインパクトを与えた浮世絵もまた江戸文化の華だったし、工芸美術のジャポニズムもある。明治以降にも、江戸文化の継承をあらためて感じる。

東京の文化移植機能

時代が東京―一時は東京《とうけい》ともよばれた―に移ると、世は文明開化の時代になる。堤春恵の「鹿鳴館異聞」や「仮名手本ハムレット」は、この時期を見事に描いている。

明治維新以降、東京に与えられた役割は、ひとくちにいえば、欧米の先進的な知識技術を導入して、それを日本の文明に移植することであった。

司馬遼太郎に「文明の配電盤」という文章があり、いまは『この国のかたち三』（文芸春秋　一九九二）に収められている。明治初年の東京帝国大学は、西欧文明受容期の日本という一個の内燃機関の配電盤として、意識的につくられたという。

京都帝国大学が一八九七年（明治三〇）にできるまで、配電盤は一つしかなかったが、よく作動した。電流ははじめはお雇い外国人であった。明治一〇年代になって、海外に派遣された留学生が帰国して、それに代わった。理工系の卒業生は、国家のカネで学問をさずかったというので、国恩を感ずる人が多く、そのうちの理学部物理学科の卒業生たちが同盟して、報恩のために東京物理学校をつくった。会員が拠金し、無給講師を引き受け、実験用機材は帝国大学から借用し、またその維持同盟の会員たちが「物理学術語和英仏独対訳辞書」を編んだという。現在の東京理科大学である。

「明治の文部省は、官公立学校を偏重した。その理由は、国家のカネを投じて導入しつづける〝文明〟を、公有物と考えたからにちがいない。くりかえすが、東京大学を通じて全国の各級官公立学校に分配しつづけ、それが構造になっていた。この配電構造のために官公立偏重の風がうまれたのである。（中略）文明受容についての明治政府の計画は、大したものだったというほかない。」（司馬前掲書。一九九二。一一八―一一九頁）

文明の配電盤という形容は、まことに適切ではないか。いま私たちは、いわゆる世界文学と呼ばれる文豪の作品、たとえば私たちは、シェークスピアでもゲーテでもバルザックでも、すべて日本語で読める。これは坪内逍遙、森鷗外、二葉亭四迷などの明治の文学者たちにはじまる翻訳文学の伝統のおかげであり、文庫本という便利な出版文化のせいといえる。文庫という出版形式すら、ドイツのレクラムにまねたことが知られているように、文化のかなりの部分が明治という内燃機関の配電盤によって実現しているのではないか。

思想界も同様で、福沢諭吉の啓蒙主義から、中江兆民の自由民権思想、大正デモクラシーから社会主義的思想まで、海外の思想が東京という首都の配電盤で翻訳され、普及していった。速水融氏が天動説と呼んだ、歴史学界のマルクス主義史観やウェーバー史観もまた例外ではなかった。司馬遼太郎は、帝国憲法にはらんだ鬼胎《きたい》としての統帥権が肥大して軍国主義への道を驀進してしまったというが、それもまた民族主義・国家主義という配電盤のなかで生まれた動きの結果ではなかったか。

文化の移植、文明の機構、装置、組織、あるいはシステムとしての移植が、東京で生まれ、中央集権の体制のもとに全国に伝播していったものといえるだろう。

東京は、その意味で近代日本そのものの具体的な表象であったといえるだろう。

中央と地方

東京についての、私の抱いているイメージのなかに大きく横たわっているのは、上野駅である。私は文化人類学の駆け出しの研究者として、自分のフィールドワークの場に東北を選び、そこでおよそ一年を過ごした。その頃はまだ新幹線はもちろんなく、上野駅から夜行列車に乗って東京を去り、また夜行列車で上京して、上野駅に降り立つのが常であった。列車を待つ間、薄暗い電灯の下で列をつくっている。戦争直後には、この構内や地下道にいまでいうストリート・チルドレンがあふれていた、という話などを思い出している。やがて列車が来て、それに乗り込み、発車のベルを待つ。北へ帰る旅人ひとり、という歌詞の「北帰行」という歌が流行したのは、ずっとあとではないかと思うが、あの歌を耳にすると、いつも上野駅の夜行列車を思い出す。

放送大学の「都市の研究」の一部を担当して、私はアメ屋横丁をとりあげ、その初めのシーンを上野駅から広小路にかけての道路を選び、将軍の寛永寺参詣の御成道であるという説明から話をはじめた。その時、上野駅の構内に石川啄木の「ふるさとの訛りなつかし」の歌碑があるのに気がついた。啄木が上野駅に来て詠んだのかどうかは知らないが、たしかに啄木も、宮沢賢治も、太宰治も、そのほかの多勢の東北出身の歌人、詩人、小説家がこの駅を通過して、東京という大都会に来ていることは確かである。いや、そのほか東北から上京して来た人々の多くは、ここを通過しているのである。笈《おい》を負って勉学のために上京して来た青年も、農閑期を利用して働きに来た出稼ぎの人々も、集団就職の若者らも、みんなここを通っている。上野駅は中央と地方を結ぶ具体的な結節点なのである。

向都離村の人口流動は、江戸時代から江戸に向かっての人口集中が続いていたことはよく知られている。しかし、現在のように総人口の二割が首都圏に集中し、山の手も山手線の中の第一山の手から始まって、世田谷、杉並に広がった中央線沿線を第二山の手、成城学園、田園調布から多摩ニュータウン、港北ニュータウンにいたる第三山の手、立川、川崎にかけての府中、八王子、町田、調布、溝の口、二子玉川と展開する第四山の手までの呼び名ができている（月刊アクロス編集部編『「東京」の侵略』一九八七）。首都改造計画は、千葉、成田、大宮、八王子、町田、川崎、横浜などの副都心性を高める広域の構想が出来上がっている。

水辺の都としての東京も、とどまるところを知らない。木更津との連絡ルートの構想はともかく、芝浦とお台場をむすぶレインボー・ブリッジができ、東京臨海新交通が、新木場で京葉線と接続、そのさきにはディズニーランドがあり、幕張の都市集積も近い。

いま景気後退の低迷はあるけれども、この大集積はとどまるところを知らない。東京の活力はおそるべきものといえる。

江戸を継承した東京は、こうして中央集権の力に助けられて、今日の世界有数の大都市に成長してきた。文明を〝制度、装置、機構などのシステム〟という梅棹忠夫の定義でみるならば、東京はまさに独特の制度、装置、機構を具えた文明であるといえる。そしてその基盤には、徳川家康の江戸開府以来の江戸文化があると言ってよいだろう。

西山松之助『江戸っ子と江戸文化』という対談集は興味深い情報に満ちている。西山氏と林屋辰三郎氏の対談によると、京・大坂を中心とする〝上方〟という言葉は、寛文年間（一六六一―七三）に、近江、伊勢、丹波などの新興商人が台頭して、京都の上京と下京の間に中京を造り、その〝中京衆〟が大坂や江戸に進出していった頃に始まるという。廓に対して社交場としての祇園町を作った。西鶴にも中京衆が登場する。典型は三井家である。この人達は江戸に出てもその方言を使っていて、江戸言葉を使っていない。都市としての江戸は、京をまねて東叡山をつくり、不忍池を琵琶湖にみたてて弁天を祀った。山王、住吉など、神仏は西から勧請《かんじょう》している。

江戸には諸侯の屋敷に参勤交替で短期滞在する地方武士がおり、中京衆の江戸店も男だけの短期滞在であった。江戸にはこうした地方人のコロニーが点在していた。西山松之助氏（江戸学）と池田弥三郎氏（国文学・民俗学）の対談では、備後福山の誠之館が本郷西片町にあり、讃岐の京極藩は虎ノ門に金比羅さんを祀り、肥後細川侯は浜町に清正公を祀るなどの例がある。銀座でも尾張町、加賀町、山城町のように全国の国の名がついている。野暮な〝浅黄裏〟とよばれた田舎侍が江戸の情報を各地に持ち帰り、そのなかから〝江戸っ子〟のイメージがうまれた。池田さんのような生え抜きの江戸っ子が、むしろそう呼ばれることを好まなかったことも面白い。東京の言葉が標準語になって行くのは、山の手の屋敷同士の交流のなかで作られた共通語がルーツにあってのことだ、という指摘も重要であろう。

中央と地方の交流は、江戸時代二七〇年のなかで進行したのである。それに近代の東京一五〇年が加わって、近代国家としての日本の形成に江戸東京が果たした役割は大きい。

現在、地方分権の時代ということが言われるが、日本文明を見てゆく時には、この、江戸東京の文化の果たした役割は無視できないのである。

第七章　「小盆地宇宙」再考

小盆地宇宙論―旧著について

『小盆地宇宙と日本文化』（岩波書店　一九八九・一・三一発行）で私は、〝日本文化〟は単一ではなく、およそ百の盆地を単位に成立していて、それぞれが小宇宙＝地域文化を形成していると述べた。その単位を〝小盆地宇宙〟と呼んだのである。日本列島の文化を大脳に見立てるならば、小盆地宇宙はその古い皮質にあたり、新しい皮質としての日本文明がその上に成立しているのであると主張した。

小盆地宇宙を、私は［Small Basin Universe］と訳して、日本列島には百にある小盆地宇宙がある、という考えを、外国人にも紹介しようとした。ちょうど参加していた国際研究プロジェクトで報告したが、司会者のハーバード大学の経済学者ヘンリー・ロゾフスキーが、宇宙の複数形に面食らってユニバーセズ？　と口ごもっていたのを思い出す。それでも日本文化は単一にあらず、という主張は理解を得たようだった。

もっとも、その共同研究の最終報告には、私の報告は採用されなかった。その国際研究プロジェクトは、よりホットな社会経済問題がテーマの中心だったので、文明に関する話は除外するという丁重な断り状が、編者（ロゾフスキーと公文俊平氏）から来た。まだハンチントンの「文明の衝突説」は登場していなかった。ボツになった報告は京都大学人文科学研究所の紀要『人文』に載せてある。

さて、その日本文明は、本書で述べたように、二つの焦点＝中心をもつ楕円であり、それはまず弥生時代に北九州と近畿という二焦点をもっていたが、一三世紀に鎌倉武家政権が成立し、一七世紀初頭から江戸幕府が生まれ、それが一九世紀中頃の明治維新によって東京に継承されることによって、近畿と関東、上方と江戸・東京という二中心に移り、相対的に北九州の地位が低下した、というふうに考えている。

しかし、中国文明の影響下に成立した弥生文化からカウントするならば、この文明中心東漸説は成り立つけれども、それに先立つ縄文時代を考慮にいれるならば、むしろ人口支持力において卓越していたし、事実、狩猟採集時代の〝文明〟を想定すれば、東日本には佐々木高明氏のいう「ナラ林文化」が、はるかに豊かな基盤を準備していることを認めねばならないだろう。弥生稲作文化はあきらかに東にむかって伝播し、それが国家統一の基盤になっていったのであるが、それを受容してゆくポテンシャリティが、東国においても十分に存在していた、と見てよいのである。縄文時代中期を中心にして一五〇〇年も持続していた三内丸山遺跡の存在は、そのことを雄弁に示している。

モデルは遠野盆地

私の小盆地宇宙論は、そのモデルを遠野盆地に求めている。それは遠野が典型的な城と城下町を中心にして、北の早池峰山をはじめ、四方を山に囲まれた地形であり、分水嶺から盆地に集まった水はひとつの猿ケ石川になって、西南の方角に流れ出て、北上川に合流しているからである。若い日にその地を訪問したこと、柳田國男の古典『遠野物語』があり、その点でよく知られていたことも、そこをモデルにした理由であった。

しかし、このように中心がひとつで、集水域が閉鎖的である、いわば独立した盆地の地形は、それほど多くない。たとえば埼玉県の秩父盆地は閉鎖的集水域をもち、川は東北の方角に流れ出て利根川の源流のひとつになっているが、江戸に近いということから、代官所の支配下だった。中国地方で岡山県の津山盆地、勝山盆地、新見盆地、広島県の三次《みよし》盆地は中国山地に点在する独立盆地であるが、津山、勝山、新見、三次はそれぞれ独立した藩であった。

むしろ多いのは、盆地列を形成する川の流域に沿った盆地群である。盆地 basin はそのままで流域という意味でもある。遠野盆地の猿ケ石川が流れ込む北上川は、河口は宮城県石巻であるが、仙台平野を北上して岩手県に入ると、一ノ関、水沢、江刺（岩谷堂）、北上（黒沢尻）、花巻、盛岡、岩手（沼宮内）と盆地がつながっている。盛岡へは、岩手山の南の雫石《しずくいし》盆地から、雫石川が合流している。また小さいけれども沢内盆地からも、合流がみられる。この北上川沿いの一連の盆地は、北上盆地として一括して扱われることもあるようだ。事実、その境界は明白ではない。しかし、地元の人々はそれぞれの地域のプライドをもち、ひとまとめにする気にはならないようである。

日本列島でもっとも長い信濃川は、長野県内では千曲川と呼ばれ佐久盆地、上田盆地、長野盆地、飯山盆地と、その分流である犀川流域の松本盆地をもっている。なお、長野県では、盆地は平とよばれる。たとえば長野盆地は、善光寺平とその北部の安曇平になる。そして新潟県に入って信濃川になり、縄文の火焔《かえん》型土器で有名な笹山古墳を擁する十日町盆地を経て、越後平野に達する。

山形県下の四分の三を流域にしている最上川は、河口である酒田からさかのぼれば、新庄盆地、尾花沢盆地、村山盆地、寒河江盆地、天童盆地、山形盆地、上ノ山盆地、さらに分流として米沢盆地がつらなっている。「おしん」の舞台にもなった川を上下する舟運が発達していたことは、よく知られている。

私は、山々にかこまれ分水嶺の内側の水が集まってひとつになるような地形を盆地の典型としていた。すこし説明を加えると、その閉鎖的な空間の中心に城（平城）があり、城下町があり、そこで物資や情報の集散が行われている。その盆地の内部、つまり盆地底の水田地帯とその周囲の丘陵部の棚田、畑地、果樹園、茶畑、桑畑などの地帯、そしてそれを取り囲む山地—里山にはじまり、より深い奥山にいたる山間ないし山地帯、場合によっては雪線を持つ高峰にもいたる山岳部もふくめて、その全体を小盆地宇宙と呼んだのである。そこには、弥生時代以来の稲作もあり、幕藩体制下の行政単位、統治の単位である領主とその家臣団の居住地―武家屋敷があり、また域内の物資を流通させる市場をもつような商家や鍛冶屋などの手工業者の居住する町場、つまり城下町があり、市の日には域内の産物の交易と流通が行われた。しかし他方では〝山に隠れたる人生〟―縄文時代以来の伝統もいきいきと伝えている空間、というイメージである。

盆地の定義と分類

しかし現実の盆地は、このような孤立的なものはすくなく、流域に沿って連続している場合が、そのほとんどである。ここであらためて盆地とはなにかを吟味しておこう。

国土地理院の関口辰夫技官による「日本列島の盆地群とその生成」(一九九九)によると、まず盆地とは「周囲を高山に囲まれた低く平坦な土地」(『地形学辞典』町田貞ほか編、二宮書店　一九八一)である。盆地はその成因から、①秩父盆地や津山盆地のように地層の柔らかい部分が侵食されてできた〝侵食盆地〟と、②地盤変動によるものに分かれる。そして地盤変動によるものは、福井県武生(鯖江)盆地や関東平野のように広い地層がたわんで沈降する〝沈降盆地〟(あるいは〝山間盆地〟ともいう)、断層運動の結果、一方が断層で他方が緩やかな山地・丘陵地である、亀岡盆地のような〝断層角盆地〟、両側が断層である諏訪盆地や近江盆地のような〝地溝盆地〟、造陸運動によって広大な地域が盆地になるアマゾン盆地やコンゴ盆地にみられる〝台上盆地〟、そして山間盆地と台上盆地の中間型であるタリム盆地や北米のグレート・ベースン（大盆地）などがある。しかし関口論文は、火山活動も考慮にいれて、独自に日本の盆地を五つに大区分し、その内ひとつをさらに二分して、次のように分類した。

(1) 侵食盆地―柔らかい地層の侵食によって形成―秩父盆地、津山盆地、高山盆地など。
(2) 曲降盆地―地殻の曲降（沈降）によって形成―武生盆地、豊岡盆地、関東平野など。
(3) 断層盆地の1―断層角盆地―一方が断層、他は緩やかな山地―亀岡盆地、長野盆地。
断層盆地の2―地溝盆地―両側が断層崖（東アフリカ大地溝、ヨルダン・死海地溝などが著名）―新庄盆地、山形盆地、会津盆地、松本盆地、諏訪盆地、伊那盆地、近江盆地、奈良盆地、京都盆地など、もっとも多い。
(4) カルデラ盆地―宮崎県加久藤盆地、小林盆地、熊本県阿蘇谷・南郷谷、山形県向町盆地。いずれも大規模噴火による火口状の凹地とその後陥没したもの。
(5) 堰止め盆地―河川や河谷が溶岩・火砕流で堰止められて盆地を生成―北海道倶知安盆地、群馬県沼田盆地、大分県湯布院盆地。福島県猪苗代盆地は東側は断層だが西側は火山の堆積物で堰止められている。宮崎県小林盆地は加久藤カルデラの一部だが北西部は霧島火山の噴出物でさえぎられている。

なぜ小盆地か

小盆地という言葉を使ったのは、アメリカ合衆国のグレート・ベースンや、中国の四川盆地、あるいはアフリカのコンゴ盆地（私が訪れていたころはザイール盆地だった）などを知っているからである。グレート・ベースンは、サザン・パシフィックという大陸横断鉄道で一九五六年に通ったことがある。シエラネヴァダ山脈を越えて、ラスベガス、ソートレークシティを経由、ロッキー山脈の東からシャイアンにいたる広大な盆地をひたすら東にむかって横断したのがグレート・ベースン。二日間ほど横断にかかった。一九五九年の二度目の大陸横断は、グレイハウンドバスで、このときはこの盆地の南に迂回して、カンサスシティ、セントルイスというコースであった。四川盆地にも一九七九年一一月〜一二月の民族学者訪中団の一員として成都を訪ね、杜甫草堂などを見学したが、ここもまたみはるかす大平原であった。コンゴ盆地もその上流部の一角を汽車の旅で数日を過ごし、またキサンガニ周辺を訪ねたが、いうまでもなく広大な世界であった。それに比較すると日本列島の盆地は、すべて小さい。

盆地底にひとつ行政中心としての城と城下町がある、というパターンは、盆地底そのものが広いと多中心になる。奈良盆地では、藩政期には、郡山藩、柳本藩、高取藩、新庄藩、芝村藩、小泉藩、柳生藩と郡山一五万石を別にすればすべて一万石級の大名だったが、それに奈良の古都を

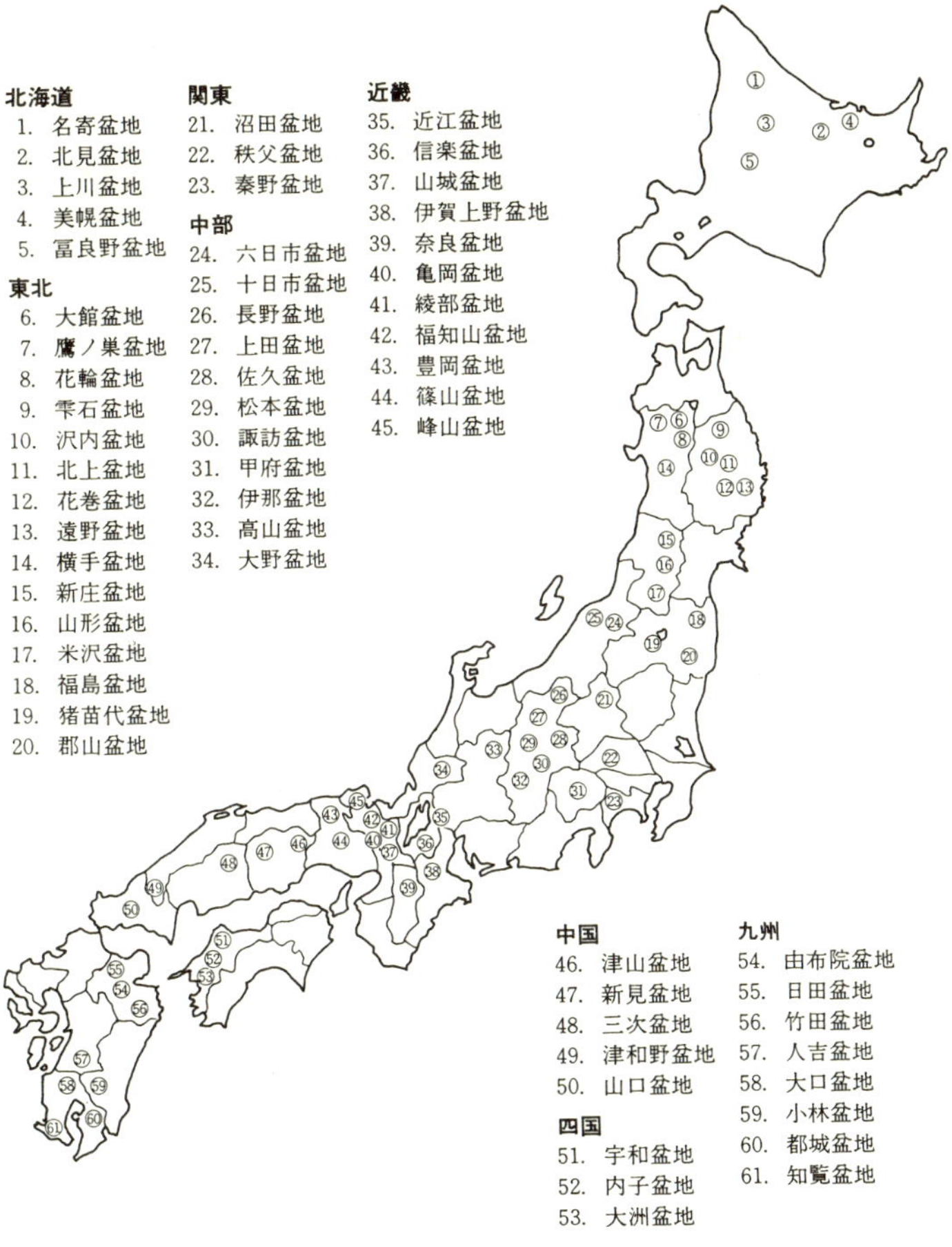

北海道
1. 名寄盆地
2. 北見盆地
3. 上川盆地
4. 美幌盆地
5. 富良野盆地

東北
6. 大館盆地
7. 鷹ノ巣盆地
8. 花輪盆地
9. 雫石盆地
10. 沢内盆地
11. 北上盆地
12. 花巻盆地
13. 遠野盆地
14. 横手盆地
15. 新庄盆地
16. 山形盆地
17. 米沢盆地
18. 福島盆地
19. 猪苗代盆地
20. 郡山盆地

関東
21. 沼田盆地
22. 秩父盆地
23. 秦野盆地

中部
24. 六日市盆地
25. 十日市盆地
26. 長野盆地
27. 上田盆地
28. 佐久盆地
29. 松本盆地
30. 諏訪盆地
31. 甲府盆地
32. 伊那盆地
33. 高山盆地
34. 大野盆地

近畿
35. 近江盆地
36. 信楽盆地
37. 山城盆地
38. 伊賀上野盆地
39. 奈良盆地
40. 亀岡盆地
41. 綾部盆地
42. 福知山盆地
43. 豊岡盆地
44. 篠山盆地
45. 峰山盆地

中国
46. 津山盆地
47. 新見盆地
48. 三次盆地
49. 津和野盆地
50. 山口盆地

四国
51. 宇和盆地
52. 内子盆地
53. 大洲盆地

九州
54. 由布院盆地
55. 日田盆地
56. 竹田盆地
57. 人吉盆地
58. 大口盆地
59. 小林盆地
60. 都城盆地
61. 知覧盆地

日本の小盆地（米山俊直著『小盆地宇宙と日本文化』
岩波書店、1989年１月31日）

ひかえた多元的な統治体制だった。これには歴史的背景を考慮する必要があるだろうが、盆地底の広さも関係している。近江盆地となると、琵琶湖という湖をかかえてしまう。盆地底が湖になるのは諏訪盆地もそのひとつであるが、ここも彦根藩三〇万石は別格で、膳所、山上、水口、大溝、仁正寺、宮川、堅田、三上と小藩が乱立していた。すなわち琵琶湖周辺の各地を分割支配することによって、統治をすすめ、さらに大津などの港を天領にして、幕府の権力を誇示していたのである。

海岸線の小盆地宇宙

盆地といえば内陸のことになるが、世界有数の海岸線を有する日本列島は、盆地とは別に河口の沖積原にも三方が山に囲まれた地形があり、そこに港が発達し、また防衛のためよりもむしろ行政の拠点として築城され、城下町が発達している例がすくなくない。私はそういう場合も、小盆地宇宙の変形とみなすことができるのではないかと思う。

この着想を私は、瀬戸内海の呉市の南、江田島の東にある倉橋島の調査のときに得た。いまでは音戸の瀬戸に橋が架かっていて、離島ではなくなった倉橋島であるが、その南部の倉橋町では、役場のある本浦、となりの尾立浦、さらにそのとなりの室尾浦、島の南東端の鹿老渡などを歩いたが、いまではバスも通る道がついているけれども、以前は移動はすべて船だったという。ひとつひとつの浦（農村では村という）の孤立性は強かった。

同じことが、より大きい河口沖積原についても言えるのではないか、すなわち三方が山に囲まれ、一方だけが海に面している瀬戸内海沿岸の各地は、小盆地宇宙の半分ないし四分の一が海になっている状態と考えていいのではないか、と思いついたのである。

瀬戸内海沿岸には、明石にはじまって加古川、姫路、赤穂、岡山、倉敷、笠岡、福山、尾道、三原、竹原、呉、広島、岩国、徳山、防府、小郡と、後背地を備えながらも、独立的な小盆地的世界を維持している例が少なくない。対岸の四国側についても、同じように言えるのではないか。平野と通称されていても、日本列島で本物の平野と呼べるものは関東平野、濃尾平野、筑紫平野、越後平野ぐらいであって、津軽平野、河内平野、讃岐平野などは、むしろ盆地の系列に入れてよいのではないかと思っている。

小盆地とそれをとりまく相対的にクローズドな空間を、日本文化の基礎単位と考えようというのが、私の小盆地宇宙論である。そこでいう文化とは何を意味しているか。

社会文化論

ここであらためて、文化の単位について考えをのべておきたい。

いま私は大手前大学に新設した社会文化学部で、〝社会文化論〟という講義を担当している。

女子大学を共学に変更し、その一部である短期大学の一学科を改組拡充して四年制の新学部を創った。社会情報学科と人間環境学科それぞれ二百人の定員であるが、学部名を社会文化学部とした。〝社会文化とはなんですか？〟という質問が出る。では、私の考えている〝社会文化〟について講義をしよう、ということになって、この講義を始めた。

私の考えはつぎのようなものである。

人間はひとりでは生きられない。そもそも生まれてきたのは両親があってのことだし、その生存は他人との関係を抜きにしては不可能である。個人から考えをはじめるとしても、その個人が社会的な関係―人間関係のなかに位置付けられている。

その関係を社会学では二者関係という。ゲオルク・ジンメルのつくった言葉でダイアド dyad という。（おなじように三者関係をトライアド triad という。）

二人の相互関係は、話し手と聞き手というコミュニケーションの基本型であり、売り手と買い手という経済行動の原点である。そこにジェンダーを媒介させると、男女関係ということになるが、これには男性／女性という両性の関係にはじまり、具体的には夫婦、父母、父／娘、母／息子、兄／妹、姉／弟、祖父／祖母、などの血縁（親族）関係の基礎をつくりだす。このように人間関係の基礎に二者関係があり、それが社会学の出発点にもなってきた。しかし、この関係を文化という側面から見ると、そこに抽象されている現象は個々別々であることは明らかである。売買の取引もケースごとに違う。夫婦と一口にいっても、人間の顔がすべて違うように、一組ずつ異なっている。おなじように夫婦とその子供からなる核家族といっても、それぞれ違った文化をもっている。ここに一〇世帯の共同住宅があって、一〇組の核家族が生活しているとしても、ある家族は巨人ファン、となりは阪神のファン、そのとなりはクラシック愛好家、さらにそのとなりはジャズ好み、というように、現代では全部の家族の〝文化〟が異なっている、ということが自然である。

二者関係、三者関係、さらにその数を増して行くと大きい集団の人間関係を生むわけだが、それを社会的に一般化することができると同時に、個々の関係を文化的に特長づけることもできる。私は、このような単位を社会文化単位(socio-cultural unit : SCU)と呼ぶことにした。この社会文化単位は最小の二者関係から、地球全体の人間を含めることもできる。そしてそれぞれのレベルで分析的・科学的に一般化して、その法則性を追求することが可能であるし、同時にその文化的・歴史的な個別性を記述することができる。ここでドイツ西南学派の〝法則定立的(nomothetic)〟と〝個性記述的(ideographic)〟という学問分類を連想されるむきもあるだろうが、まさにそれにあたる。

二人の人間関係―恋人同士でも夫婦でも、売り手と買い手でも、原告と被告でもいい―はひとつの社会文化単位であるが、そこから家族・親族組織論、経済の需要供給関係、法的手続き論すなわち訴訟法などの社会科学的一般化、理論化ができるばかりでなく、おなじ社会文化単位を文化科学的に扱えば歴史記述や、さらに神話や文芸を誕生させることも可能なのである。

二者関係から出発したが、それは個人のライフコースにしたがって言えば、たちまち家族から近隣集団に関係がひろがり、幼稚園・小学校と学校社会に巻き込まれ、いまでは弱まっているとしても地域社会の関係ができ、市町村との関わりも増え、やがて都道府県、国家に関係をもつにいたる。成人した時には選挙権のある日本国民ということになっているわけである。そして、それに大きく関与してライフコースそのものを左右するものが、その個人を取り巻いていて、彼／彼女の行動様式を決定的にする文化的環境であるといえよう。

現代の日本では、ひとりの個人が影響を受ける文化といえばまず、その家庭―家族の文化がある。言葉づかいや挨拶行動などは、そこで〝身につく〟ことになる。オリンピック選手や野球選手などを見ても、子どもが親から受ける影響は、予想以上に大きいのではないか。しかし、近隣社会、学校社会が与える影響もけっして小さくない。通学の車中の子どもたちなどを観察していると、その印象がつよい。それにケータイ電話や漫画雑誌に代表される大衆社会的状況―マスコミの圧倒的な影響力もある。現代風俗は毎日のように変化し、その波をかぶっている。これが全体としての現代日本の文化的状況である。

しかし、一方で画一化、均質化がすすむ現代日本文化であるが、そのなかにもなお、それぞれの地域性が色濃く残っていることも認めねばならない。それは南北に細長く伸びている日本列島の地形と気候、あるいは気象に規定されている面もあるが、やはり各地に継承されてきた地域文化―ここで小盆地宇宙と呼んでいる文化の単位、個別の世界である。各地の方言や慣習がそなえている文化の力が、おおきく作用しているのだといえる。

小京都について――『城と城下町』

小和田哲男氏の『城と城下町』（教育社　一九七九）は、日本の都市の歴史を知るうえで貴重な文献である。歴史的にその推移をたどっていて、興味深い。

まず古代の環濠集落、稲城《いなき》、神籠石《こうごいし》、そしてアイヌのチャシ（これは一七世紀が築造の最盛期とされるので古代には属さない）に言及する。そして日本書紀に見える〝高安城〟をはじめとする西方の防衛拠点、東北の城柵には、坂上田村麻呂が築いたとされる、東北地方の城柵で遺構のはっきりしているのは、秋田城（秋田市）、多賀城（現在は、宮城県多賀城市）、伊治城（宮城県築館町）、胆沢城（水沢市佐倉河）、徳丹城（岩手県紫波郡矢巾村）しかなく、逆に文献に現れないが、遺構として存在している〝方八町〟ないし〝方八町館〟が東北各地にあることが説かれる。藤原京、平城京、平安京などには、羅城門や石垣があっても城塞ではなかったという。

中世になると鎌倉武士の城館が現れて、各地に城や館、殿、屋敷、堀などの地名が残されるようになり、城下町の原形と見られる寝小屋、垣内、大手町、宿、市場なども登場してくる。南北朝時代には笠置城、千早赤坂城、など天険の地勢を生かした築城が行われて山城が全盛になる。室町時代には守護被官の居館が守護屋形町となり、城下町が生まれてくるが、小和田さんは具体的な例を大内氏の山口と、土岐氏の革手（現岐阜市下川手）をあげ、原城下町として豪族屋敷集落をとりあげる。やがて戦国の城館とそこに集住をうながされた家臣団の住居としての武家町ができ、寺院や商人町、職人が伴うようになる。戦国大名は地子（地代）免除などの政策によって、各地に成立していった。

近世の築城ラッシュ

しかし、近世城郭史の最初のページは、織田信長の安土城とその城下町の建設と位置づけられている。信長は専業武士団を創設し、尾張那古野城から清洲城に移り、さらに小牧城に移って斎藤龍興を滅ぼして稲葉山城を占領して岐阜城と改名、そして天正三年（一五七五）に安土城の建設を丹羽長秀に命じる。三年後に天守閣が完成、天正九年（一五八一）にすべてが完成したようである。城下町も楽市楽座の制度をはじめ一連の〝山下町掟〟によって、五、六千人の住民を持つにいたった。しかし翌年に本能寺の変によって信長が死に、安土城も城下町も衰亡してしまう。しかしその信長の意志は豊臣秀吉に受け継がれ、天正十一年には大坂城の築城に着手している。秀吉は多くの築城をしているが、そのなかでも大坂城、聚楽第（天正十四年工事開始）、伏見城（天正十九年工事開始）は秀吉の三名城と呼ばれている。ただし伏見城は地震で倒壊、再建されたが、関ケ原の合戦で焼け落ち、徳川家康が大坂に対抗する拠点として藤堂高虎、小堀正一（遠州）らによって建設されたが、豊臣方の大坂城が落城後、その再築城工事とともに廃城となった。

秀吉は天正十九年（一五九一）に相良氏に命じて朝鮮侵略の基地として肥前名護屋城の建設をはじめ、翌文禄元年（一五九二）には秀吉自身がこの城に入っている。それは三〇万五千人余の大軍の基地であった。明治になってこの城の図が発見され、屏風になっているので、「当時の城と城下町のありさまが手に取るようにわかる」と小和田さんは書いている。

時代は江戸時代に入り、家康が太田道灌が築いた江戸城を天正十八年（一五九〇）に本拠と定め、翌年から修築工事をすすめて以来、秀忠、家光にいたる寛永十三年（一六三六）まで、二十数回にわたる拡張・修復工事が進められた。これはいわゆる〝天下普請〟で諸大名が手伝っている。関東の城には笠間城と小田原城が奥州口と箱根口を守護するための例外とされたが、他は水戸城でも石垣が用いられていないそうである。

大坂城との緊張のなかで、〝天下普請〟は各地の城で営まれ、彦根城、膳所城、篠山城、亀山城、あるいは名古屋城などに諸国の大名の助力を命じられている。彦根城は慶長八年（一六〇三）に七カ国の一二大名が、篠山城は慶長十四年から一五カ国の二〇余の大名が助力している。さらに江戸幕府ができた後は大坂城、駿府城の造営が諸大名に負担となっていた。「天下普請と諸大名それぞれの居城の築城など、慶長期は日本の城の歴史の中で特異な時代となった。築城の全盛期・黄金時代ともよびうるような状況が生まれたのである。（小和田前掲書。一九七九。一二三頁）」

しかしこの慶長の築城ラッシュは、やがて秀吉の天下統一事業の中で支城の破却政策となり、さらに家康の大坂夏の陣以後の最初の政策として、元和元年（一六一五）の元和一国一城令となった。

当時の築城家としては、さきに伏見城で紹介した、普請奉行の藤堂高虎、作事奉行の小堀政一（遠州）、城大工の中井正清、そして石工としては穴太衆《あのうしゅう》が著名である。

城下町の構造

作事と普請、石垣の造築などの紹介のあと、小和田哲男さんの書物は「近世城下町の構造」の章にいたる。そこでは城下につくられた家臣団の居住区と、商人・職人の居住区によって構成される。兵農分離がまず進行し、さらに商農分離がすすめられた。小和田さんは戦国城下町と近世城下町を比較するときに、城下町における百姓地の有無がひとつの指標になると指摘している。百姓の町への移住禁止、町に移住していた百姓の人返しがおこなわれた。江戸も参勤交代の義務づけられた武士団の居住する山の手と商人・職人の住む下町が明確に分離されていることは、前の章で見たとおりである。

城下町は、城、重臣屋敷、一般武家屋敷、足軽屋敷、寺社、商人町、職人町に区分されていて、町割によって巧妙に住み別けられ、さらに差別意識を緩和するために町外の人として被差別の階層の人々が周辺に配置され、また城下末端には例外なく遊廓が存在していた。寺社もまた、周辺に置かれていた。町割は狭い道幅の道路で区切られ、それも直線が少なかった。これは遠見遮断という防衛上の理由とされる。城下町全体を囲いこむ囲郭の存在はすくないという説もあるが、小和田さんはむしろ織豊期から近世初頭にはかなりの囲われた城下町ができていると指摘している。

町の行政機構は、町奉行の下に数人の町年寄がおり、その下の各町単位で組頭という役職があり、年寄は町人の代表として町割毎の自治組織を支配し、奉行と交渉する役を勤めていた。

小京都

最後に小和田さんは、「京都を模範とした町割」という節をもうけて、「もともと、小京都というのは、京都の町割をまねて作られた地方都市のことをいうが、いまでは、崩れかけた土塀の小路や格式ある武家屋敷を備えた静かなたたずまいを見せる城下町の代名詞にさえなっている。(小和田前掲書。一九七九。二〇六頁)」とのべ、次の諸都市を挙げている。

秋田県―角館
岩手県―盛岡・遠野
岐阜県―高山・郡上八幡
長野県―飯田
福井県―大野
石川県―金沢
岡山県―津山
三重県―伊賀上野

兵庫県―龍野　　　　　　広島県―竹原・三次
山口県―山口　　　　　　島根県―津和野
高知県―中村　　　　　　愛媛県―大洲
福岡県―秋月　　　　　　大分県―日田・豊後竹田
熊本県―人吉　　　　　　宮崎県―飫肥

「このように少なくとも二〇を越す地方都市が小京都とよばれるわけであるが、共通するのは、碁盤目状の街路があったりする整然とした町並、あるいは寺院、祭などの〝都ぶり〟が残されているという点である。風光明媚な土地柄ということもあって、観光客の訪れも多くなっている。(小和田前掲書。一九七九。二〇八頁)」として、典型例として山口と角館を紹介している。「山口は大内弘世の時代、延文五年(一三六〇)、山口の地が京都に似て、四神相応の地にかなっているので、範を京都にとって町割をしたということである。

また祇園社や北野天神を勧請《かんじょう》した点も京都崇拝の例として説明されている。しかし、祇園社についていえば一五世紀末の建立であり、山口が成立した当初からのものでないことは明らかである。つまり大内弘世が山口に居を移した時点では、模範とすべき町が京都しかなかった点で京都に範をとったが、そののち京都指向を強めた大内氏歴代によって小京都としての山口ができあがっていったものと考えられる。大内氏の山口文化として顕著にみられる貴族趣味と無関係ではなかった。

山口が中世に成立し、小京都だったのに対し角館は近世になって作られた小京都である。秋田の佐竹氏の一族佐竹義隣《よしちか》が入城し町がつくられることになったが、地形的にも檜木内川の流れる小高い丘陵のある土地は京都のミニチュア版を作るに適していたといえる。城主佐竹義隣が京都の大納言高倉永慶の次男であったということが決定的な要因となったと思われる。義隣は秋田佐竹氏の養子となり角館に入ったわけであるが、街並を京都に似せ、川の名を鴨川とよんだり、山にも小倉山・東山と名づけるなど、京都をそのまま小さくしたような町作りが行われた。しかも、二代目の義明には京の公家三条西家から夫人を迎えており、京都趣味はますますみがきがかけられていったのである。

小和田さんは二二の都市を小京都としてリストアップしているが、その他にも小京都についての書物はある。NHKの名アナウンサーで「ふるさとの歌まつり」の司会で各地をまわり、参議院議員にもなった宮田輝氏編になっている『小京都一〇〇選』(秋田書店　一九七五)は、おなじ出版社が出していた〝一〇〇選〟シリーズの一冊であるが、これには北海道の松前や函館に始まり、沖縄の首里まで一〇〇の地方都市が選ばれている。その基準は「なるべく、まだあまり人に知られていない『古くておもむきのある町』をとりあげるように努力し」たと編者の〝まえがき〟にある。金沢、鎌倉、盛岡、熊本、長崎など、「それ自体で一書に価する都市はふれなかったところわっている。そのために小和田さんの挙げている盛岡や金沢は入っていない。一〇〇のリストに加えて「小京都ミニ案内」として小樽から伊集院まで五〇の都市を別に紹介しているので、結局一五〇の地方都市が挙げられていることになる。

近年、京都市が主唱して〝小京都〟の集会を始めた。はじめは金沢市などの参加が遅れたようだが、いまではかなりの多くの都市の参加を得て、毎年それぞれの都市のかかえる共通の課題などを討議する機会になっているようである。地方の時代というかけ声が起こり、一九九九年七月には国会で地方分権一括法案という四七五本の法律改正案が可決されて、住民の身近な行政はできるだけ地方公共団体がやることになった。二〇〇〇年四月一日実施によって地方の自主性・自立性は強まったとされるが、はたして今後どうなるのだろうか。

私自身も、これらの都市のいくつかは自分で訪問して知っている。薩摩半島の先端の知覧町にもその武家屋敷を訪ねたことがあるし、愛媛県の内子町も小盆地宇宙の中心ではないかとの予想で訪問した。これらはどのリストにも載っていないが、それぞれの伝統の厚みを感じさせるものであった。それは、柳田國男先生の生家のあった兵庫県福崎町でも、先生が移住した長兄の松岡鼎家のあった茨城県布川（現我孫子町）でも、感じたことであった。ギアツの言う〝部厚い記述〟がびっしりと詰まっているような土地が、日本列島にはいたるところに見いだされるのである。岡山県の津山市には「小盆地宇宙」という放送大学の特別番組の教材をつくるためにスタッフと同行して数日を過ごしたことがあるし、岩手県遠野市は私にとって、その発想の原点といっても言い過ぎではない。

その後、すでに半世紀にわたって、私は世界各地を遍歴する幸運にめぐまれた。ことにアフリカの各地を訪問して、その社会・文化に深く触れることができたことは、その前後に与えられた、アメリカ、カナダ、ペルー、ヨーロッパの諸国での体験より以上に、私の思索を鍛えた。幸いにも、私は同時に日本の都市にも祭礼研究を通して接していた。そのような体験の集大成として、ふたたび日本列島の社会文化現象、その根底にある心意現象に迫ることができるようにおもう。

小京都とは、文明に憧れたそれぞれの地方の人々が、都ぶりを移植してその文化の拠点にも、その雅《みやび》を導入しようとした心意現象の表現の結果であるといえよう。それは上代の日本人が、きらきらしい外来の仏をありがたいものと感じ、仁・義・礼・智・信の徳目に納得した態度をとり、律令制を採用した心意と共通している。あるいは明治維新を経て文明開化の時代になって、自分を野蛮・半開・文明の三段階のうち半開と位置付け、西欧に追いつき追い越すことを目指した心意とも共通である。この向上心は、日本人のひとつの民族性といえるかもしれない。

終章　日本文化と日本文明

第七章の最後に〝日本人の民族性〟という言葉を使った。できるだけこの種の言葉は使わないでおこうと考えていたのだが、どうしても民族性とか国民性、ナショナル・キャラクターという言葉に収斂してしまう要素が、文明や文化について考えてゆく場合には避けられないものとして含まれているようである。柳田國男のいう〝心意現象〟も、あるいは文化人類学でいう〝価値観〟ないし〝世界観〟も、そこに帰結する。

文明は千年期、一〇の三乗10^3を単位とし、文化は世紀、一〇の二乗10^2を単位とする、という見方を、かつて私は主張したことがある。日本文化を論じていると、どうしても〝有史以来〟ということになり、それは早くても紀元前三世紀頃に弥生文化が始まったところからの二〇〇〇年―二三〇〇年を対象とすることになって、どのようにそれを分けるとしても、世紀を単位とする話になってしまう。それでは、結論として日本文化の高度な等質性を強調してしまうことになる。

事実、私は、日本文化の同質性を、形質（人種的特徴）、言語、そして歴史に示される文化の分布図を重ね合わせると、それがひとつの領域を日本列島の上に作り出す、ということを指摘して、このような領域は地球上でも珍しい稀有な場になっているということで日本文化の等質性を説明してきた。それだけでは、万世一系の天皇をいただく神の国という森元首相の発言にもつな

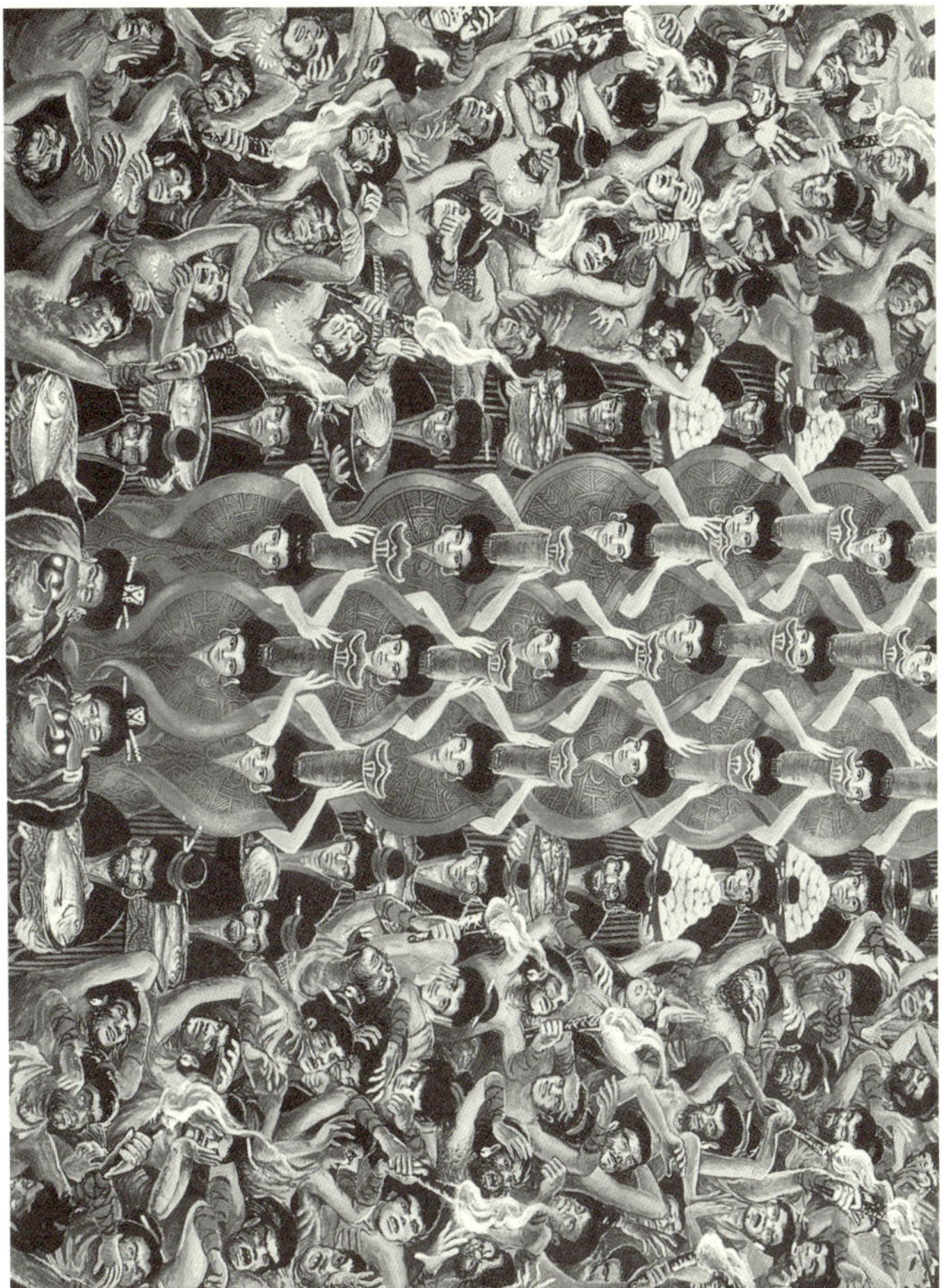

三内丸山復元想像図（群衆）（イラストレーション：安芸早穂子）

がるような、長い、ひとつの文化伝統を支持することになってしまうだろう。

しかし、日本列島の歴史はこの弥生から現代までのまとまりのほかに、別の時間があることがしだいに明らかになってきた。これは岡田康博さんや小山修三さんたちの功績であるが（第三章を参照）、青森市の三内丸山遺跡が別の一五〇〇年におよぶ縄文期の持続した時間が提示されたのである。縄文時代は約一二〇〇〇年前から弥生時代のはじまる二三〇〇年前まで、一万年余の長い時期をいうから、そのなかで約五五〇〇年前から約四〇〇〇年前までの期間は全体からみれば、その一部にすぎない。しかし、縄文前期（六〇〇〇年前—五〇〇〇年前）の中頃から中期（五〇〇〇年前—四〇〇〇年前）の末、気候の寒冷化がはじまる頃まで、一五〇〇年にわたって居住が継続していることが、一〇〇年を単位で変わったとされる円筒土器の形式からわかる。発掘は古い形式の土器から順に整然と埋まっていたということである。ここには一〇〇〇年におよぶ堆積層が発見されているのであり、それはまさに10^3の年代の話で、文明の時間を示しているといえる。

つぎつぎに掘り出されてきた遺物から、たくさんのことがあらためて教えられることになった。なによりも、縄文人は原始人という、ひどい思い込みの訂正をせまられた。

考えてみれば、これはあたり前のことではないか。私たちと血のつながっている人々だし、そのＤＮＡは私たちと共通のはずである。だから私たちが抱く感情と、縄文人がそれほど異なった喜怒哀楽の気持ちを持っているとは思えない。もちろん地球が丸いとか、万有引力の法則とか、近代科学の知識は持ちあわせていなかったが、天体の運行や潮の干満は経験的にしても私たち以上の知識をもち、事態に対処する知恵をもっていたに違いないだろう。発掘された六本の根源造りの列柱の意味も、さまざまに推理がおこなわれているが、ともかく海からも見えるランドマークであったことは確かである。糸魚川市に原石のあるヒスイが、とおく海山を越えて運ばれ、この土地で加工されていたことは、この時代にもなんらかの流通機能をになう人々が存在していたことを示しているし、幅一二メートルの道路が四二〇メートルにわたって、海に向かってのびていることは、この土地が港につながっていたことを示している。海はいまよりもずっと近くまで迫っていた。

とにかくエキサイティングな発見があいついでいる遺跡であるが、この一五〇〇年という文明の時間は、優に弥生~現代の文明の時間に匹敵するといえよう。

そこから、現代日本文明に直結する文明(これを文明Aと呼ぶ)を相対化して考えることが容易になる。三内丸山文明(これをかりに文明Bと呼ぼう)つまり縄文文明から、文明Aに継承された文化要素(cultural trait)は、これまで文明Aでは説明できなかったことを解明するのに大いに役に立つであろうし、逆に文明Bの謎を文明Aの経験をとおして解釈することも可能となろう。

照葉樹林文化の重要な文化要素とされているウルシを用いた漆器が、縄文時代におどろくべき洗練さを示しているのは、縄文農耕論を補強するばかりではなく、より広い地域の長い交流を示唆するものである。日本の神々が単純に古代アニミズム(精霊信仰)と片づけられていたものを、より精緻にときあかすことにもなるだろう。

発展段階説の呪縛をはずす

これまで私たちは、発展段階説にとらわれすぎていたところがある。それは一九世紀進化論といってもよいし、モーガン・マルクス・エンゲルスの唯物史観といってもよい。マルクスの「経済学批判序説」の序文にある「アジア的、古代的、封建的、近代ブルジョア的生産諸様式を、経済的社会構成の段階的諸時代とよびうる」という有名な段階に呪縛されてきたのである。それは、『文明論之概略』で福沢諭吉が日本を〝野蛮・半開・文明〟の三段階の半開に位置づけた頃から、また西欧に追いつけ追い越せという競争原理が日本人の時代精神になってから、一貫して身につけさせられてきた理念であった。他方で近代国家としての国民形成のために日本文化形成を、天皇を中心とする国家体制のもとに営々と築きあげてきたなかで、日本人が自覚しないうちに身につけてきた習性かもしれない。

文明Aしか念頭にない私たちは、文明Bの、岡田康博さんの言葉をかりれば、長く、大きく、多い存在を知らなかったし、その時代―狩猟採集時代は、類人猿に似たようなハダカのヒトが、棍棒をかついで走り回っているようなイメージを抱いていたのである。

それには、前世紀中葉の新進化論者たちにも罪がある。私の師匠のひとりジュリアン・スチュワード先生は、自分で調査した北アメリカ先住民のショショニという採集民を軸にして、各地の狩猟採集民―エスキモー、ピグミー、ブッシュマン、オーストラリア・アボリジニーなどを比較し、核家族を中心にしたバンド社会のモデルをつくりあげた。それは物質文化において極端に少なく、社会組織において家族集団を超えた組織を持たず、世界観においても単純な自然崇拝にとどまり、食物を求めて遊動的な生活を営んでいるという、狩猟採集社会の原型を描いたものである。それが間違っているというわけではない。しかし、そこに例示された諸民族は、すべて極限的な自然条件のもとにあった。たとえば氷雪地帯、熱帯降雨林のジャングル、あるいは砂漠に、いわば過適応した人々であった。中緯度帯の亜寒帯から温帯、亜熱帯の地域の狩猟採集民は、農耕民に変化するか、あるいは置き換えられてゆくのであるが、この地帯の狩猟採集民がどこに行ってしまったのかは、ついに論じられないままであったといえるのではないか。

三内丸山遺跡は、その問いに答えるヒントを豊かに情報として伝えているのだ。

横田健一『日本古代の精神―神々の発展と没落』（講談社現代新書、一九六九）や平野仁啓『日本の神々―古代人の精神世界』（講談社現代新書、一九八二）などは、記紀神話をはじめとする古代伝承を文明Aの文脈だけでとらえようとしたものであるが、文明Bの研究がさらに展開すれば、よりあきらかに日本人の心意現象のルーツを解明できるのではないだろうか。

岡田康博さんはその著書を『遥かなる縄文の声―三内丸山を掘る』（NHKブックス、二〇〇〇）と名付けているが、ほんとうにこの遺跡は、日本文化・日本文明をかんがえる人に実に豊かな、岡田さん風にいうならば「大きい」「長い」「多い」声—情報を発信していて、その改訂を迫っているように思われるのである。

日本文明の基底にある日本文化

比較文明学会の基調講演で私に課せられたテーマは、日本の文明の基礎にある文化ということであった。これは伊東俊太郎さんの文化と文明の関係を示す模式図（二二五頁参照）に示されるように、一定地域の人間集団の生活のあり方を球で示し、その芯—内核にあたる、集団特有の「エートス・観念形態・価値感情」を〝文化〟とし、「文明はこの文化によってつくり出され運用される、その生活圏に必要な「制度・組織・装置」であり、これが球の外殻を形成する」（伊東編著『比較文明学を学ぶ人のために』世界思想社　一九九七。八頁）であるという。あるいは文明は人間生活を営ませる〝ハードウエア〟であり、文化はそれを運用する〝ソフトウエア〟であるともいう。さらに、地球上の諸文明は相互に接触し、ときに摩擦をおこして交流しあうとする。そして伊東さんは文明をテーゼとして七つの項目をあげる。

① 気候・生態と結びついた地理的な広領域。

② 歴史的伝統。

③ 洗練化された生活システム。（衣食住など）

④　高度な社会制度、すなわち政治体制、法律制度、階層構造など。
⑤　経済組織、すなわち交換のネットワーク形成と財の蓄積。
⑥　集団的技術。（建築、土木、水道、道路などの大規模な文明装置）
⑦　知的、精神的、美的なものも制度化され組織化されれば文明である。

そしてこれらの条件はバラバラでなく、統合された一つの構造である、とする。

基調講演で私は日本文化のなかで特に前半はバリ島の経験をマクラにして、愛媛県大西町宮脇の灌漑文明と村落組織、それを支えている祭祀組織と祭りの芸能をのべ、後半は三内丸山の縄文遺跡についてのべた。前半は先の分類でいえば文明Aと文化のかかわり、後半は文明Bを媒介として、日本文明の時間の相対化について触れたのである。そのことは本書のなかに組みこんである。

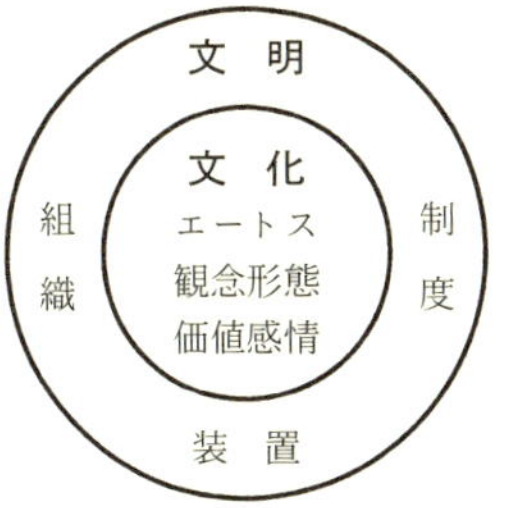

文化と文明の模式図
（伊東俊太郎『比較文明学を学ぶ人のために』世界思想社、1997）

文化と文明についての論議は、近年になって文明論ないし文明学が盛んになってかなり進められた。伊東さんもその中心的存在で、その定義は先に紹介したところであるが、ほかに梅棹忠夫・上山春平・神川正彦、堤彪、湯浅赳男、小林多加士らの各氏がそれぞれの定義をもっている。もっとも明解なのは梅棹さんのそれで、「文明とは制度、装置、機構、組織などのシステム、文化はそれを動かしている人々の価値観を指す」というものである。上山さんのそれは、〝文明とは、ある水準以上に発達した社会における広範囲におよぶ共通の文化である〟というもので、発達の程度とひろがりを一つの弁別基準としている。（『日本文明史の構想』角川書店　一九九〇）

すでに紹介した『地中海』の著者フェルナン・ブローデルの『文明の文法』（松本雅弘訳、みすず書房　一九九五）の指摘しているように、ヨーロッパではもともと文化と文明はほとんど同義に使われていた。ヘーゲルの例がその具体例として紹介されている。それが、後進的なドイツが英仏に対抗して、文化を文明よりも優位に位置付けた。ゲーテやシラー、モーツアルトやベートーベンの〝精神的文化〟は、英仏の誇る〝物質的文明〟よりも価値が高い、というわけである。日本は明治以後このドイツ流の〝文化〟の考え方を輸入して、文化が文明よりも上等なものと位置付けた。第二次大戦前にも、その傾向があったが、戦後になってそれはさらに強化された。文化国家、文化人、文化住宅、文化ナベ、文化タワシと、文化といえば上等というラベルを貼ることになった。憲法にも、〝すべての国民は、健康で文化的な最低限度の生活を営む権利を有する〟（第二五条）とある。

私の専門が文化人類学なので、仕事が文化的だと思われているフシがある。ありがたい誤解であるが、この学問の意味する〝文化〟とは、べつに上等な文化、高度文化、高価値文化だけを指しているのではない。すべての人間の行動様式のまとまりを指しているのである。その定義の経緯は、英国のエドワード・タイラーが、〝未開社会〟の生活について〝未開文化〟とし、その内容をかなり記述的に表現してそれを〝文化〟と呼んだことに由来するらしい。

閑話休題、明快な文明と文化の区別は、さきの梅棹さんのそれとおなじくらい明快に、司馬遼太郎さんがなさっている。

司馬さんによれば、文明とは普遍的なもの、合理的なもの。たとえば信号は赤は止まれであり、青はすすめで、万国共通である。文化とは「やや非合理なもの、やや特殊なもの、場合によっては、その民族や社会にのみ限られるもの」（一九九四年二月、文化功労者講演会）。「文化とは、日本でいうと、婦人がふすまをあけるとき、両ひざをつき、両手であけるようなものである。立ってあけてもいいという合理主義はここでは成立しえない。不合理こそ文化の発光物質なのである。同時に文化であるために美しく感じられ、その美しさが来客に秩序についての安堵感をあたえ、自分自身にも、魚巣にすむ魚のような安堵感をもたらす。ただしスリランカの住宅にもちこむわけにはいかない。だからこそ文化であるといえる。」（司馬遼太郎『この国のかたち』文藝春秋　一九九六。三〇—四〇頁。なお、この概念を述べた初出は『アメリカ素描』読売新聞社　一九八八）

しかし、この区別には、二つの概念の相互関係があきらかでない。まったく別のもので関係がないのか、あるのか。あるとすれば、どういう関係か。

このあたりを追求しているのは伊東俊太郎さんである。さすが科学史家であり、比較文明学会の会長である。伊東さんはどちらも外来の言葉の訳語である〝文化〟と〝文明〟の語源について検討して、「王権の確立、国家の形成、階層の分化、商業の発達などを伴う〝都市革命〟以後のものを〝文明〟とよんでよいであろう」（伊東前掲書。一九九七。七頁）とする。そして文明と文化の関係についてはまだ定説がないので、ひとつの提案として、さきに紹介した生活圏という球の内核（エートス・観念形態・価値感情）を文化とみなし、それがつくりだし、運用されるその生活圏に必要な「制度・組織・装置」が、その球の外殻で、文明であるとしている。

〔おわりに〕——本書のなりたち

最後に、この書物のできるまでのいきさつを述べておきたい。

一九九四年四月、着任した放送大学の初仕事は、ラジオの放送教材『都市と農村』（放送大学教育振興会）であった。二年目からの収録、三年目から放送開始。都市社会学と農村社会学の総合から地域社会学を構想した。ひとりで、聞き役のアナウンサーを相手に収録した。

三年目にテレビの放送教材として、聖心女子大学の吉沢五郎さん（比較文明学・西欧中世文化史）と一緒に、『比較文明の社会学』（放送大学教育振興会　一九九七）を制作した。社会学と名乗ったのは、私が「社会と経済」というカテゴリーに所属していたためで、他意はない。この講義には、神山四郎（哲学）、伊東俊太郎（科学史・比較文明学）、山折哲雄（宗教学）、桐敷真次郎（西洋建築史・近代建築史）、片倉もと子（社会地理学・民族学）、佐々木瑞枝（社会言語学）、藤井知昭（音楽人類学・音楽学）、吉田憲司（文化人類学・民族芸術学）、猪口邦子（国際政治学）、杉田繁治（コンピュータ民族学）、日置弘一郎（組織論・経営人類学）、神川正彦（哲学・比較文明学）、川勝平太（比較経済史）の各氏に担当していただいた。比較文明学会の人々である。猪口邦子さんだけは会員ではないのに、その『戦争と平和』（東京大学出版会　一九八九）というすぐれた著作があるので、「戦争と文明」ということで講義をお願いした。また私が「地球と文明」という講義も担当して、梅棹忠夫さん（民族学・比較文明学）に取材をした。神山先生は講義の収録後まもなくお亡くなりになったので、これが記念すべき講義になった。最後の神川先生の回に、私が取材してきた南アフリカの教育大臣バング氏と世界有数の放送大学である南ア大学UNISAのヴァイチャー副学長（学長は大統領）のインタビューを割り込んで、神川さんの時間を一五分奪ってしまった。

ラジオ・テレビの収録のほかに、印刷教材の制作が義務づけられていた。『都市と農村』（一九九六）という印刷教材を見て、NHK出版の道川文夫図書出版部統括部長が、放送が終了したらNHKブックスでまとめましょう、と言った。道川さんとはながいつき合いで、『過疎社会』など何冊かのNHKブックスのほか、伊藤幹治さんと一緒に制作した教養番組『柳田国男の世界』を、放送ライブラリーで出版している。その後、一九九〇年には、還暦を迎えるというので、『いま、なぜ文化を問うのか─せめぎあう文化の時代』を出版した。『同時代の人類学』（一九八一）は、京都大学を退官する時に新版（一九九四）を作った。

放送大学は当時の文部省、郵政省、大蔵省のジョイント・ベンチャーであった。いまでは全国にネットワークを持つ電波媒体を用いた通信教育の単科大学─教養学部であり、たくさんの放送教材を制作・発信している。常勤の教授陣は百人前後であるが、客員教授に現役の大学の教授陣をかかえて、充実した講義を電波にのせている。

放送大学にも、卒業研究がある。それが学生と教師をつなぐ機会である。私も三年間のあいだに、二〇人あまりの学生と合宿したり、一緒に成田山の祇園祭を見に行ったりしたが、なかには会社や団体の定年退職後に社会学に興味を持った人が、「多摩地方の都市と人口移動」というすばらしい論文をまとめた人や、家庭の主婦で千葉県下の農村の水利組織の研究を現地調査を重ねてまとめた人などがいた。退職する年の最後の卒業式のあと、その人たちが〝謝恩会〟を開いてくれた。常勤としてはわずか三年にすぎないが、なつかしい思い出であり、いまも手紙をもらうこともある。その後、大手前大学に移って四年がすぎた。

さてその後、数年を経て、道川さんから電話で、以前にした約束『都市と農村』のNHKブックス化であるが、文明論的なパラダイムで捉え直す、『都市列島日本』というタイトルにしよう、という提案を受けた。そして上梓予定は二〇〇〇年の九月二九日、私の誕生日という。その日に私は古稀をむかえる。まてよ、それならいっそのこと、新しい書き下ろしをしてみてはどうだろう、と私は思った。ちょうど比較文明学会の基調講演も依頼されている。それを軸にしてと考えた。

しかし雑用にとらわれて、なかなか書き下ろしというわけにはゆかなかった。やっと半年遅れでまとめることができた。

時間がない、という苦痛がある。まだやり残したことが沢山あるし、日程は詰まっている。もっともいま私は、毎日がフィールドワークという気持ちで毎日を送っている。毎日の見聞がいつも新しくものを考えさせてくれる。『新版同時代の人類学』以後の思索のあとを、世に送ることにした。

二〇〇一年

米山俊直

解題

米山俊直の「知」の遺産——二一世紀日本社会と都市列島日本論

末原達郎（京都大学大学院農学研究科教授）

米山俊直先生（以下米山と略す）は、日本社会を世界文明の中に位置づけ、現代日本を歴史の中に位置づけることに情熱を傾けられた。米山の視点は、歴史と空間に対して、常にバランスよく目配りされている。しかし、その背後には、実際のフィールドワークの経験にもとづいた、確固とした信念がかいま見える。文章表現は緩やかであり、時として気づかずに読みすごしかねないが、述べられている内容には時に強い意志が隠されており、また独特の価値観が含まれていることに気づくことができる。

それでは、米山は日本文明、日本社会を見るときに、どのような視線をもっていたのだろうか。私には、米山が二一世紀の日本を文明史の中で位置づける場合、三つの基準となる視線があったように思える。これらの視線には、それぞれ二つの対立する視点（基準点）を含んでおり、さらにそれを結んだ線上からものごとが見られているので、ここではそれらの視線のことを「基線」という言葉で表現しておきたい。

都市と農村を結ぶ基線

米山にとって第一の基線は、農村社会と都市社会を結ぶ基線である。二番目は、東日本と西日本を結ぶ基線である。三つ目の基線は、自然環境と社会・文化環境とを結ぶ基線である。これらの基線は、実は互いに密接に交わりあっているのだが、ここではひとつずつ順を追って見ていくことにしよう。

第一の基線は、農村社会と都市社会という二つの点を結んでいるものである。米山の研究の出発点は、まずは自分自身に身近な日本の農村社会を深く見つめなおす作業から始まった。米山が大学院時代を送った京都大学とイリノイ大学の大学院では、研究のテーマは一貫して日本の農村社会が選ばれている。京都大学の大学院時代は、奈良県の天理市内にある上之庄村が選ばれ、ここで住み込み調査が実施されている。イリノイ大学への留学時代には、岩手県の遠野市に近い栗駒町が選ばれ、こちらも住み込み調査が実施された。(「日本農村の文化変化」、『米山俊直の仕事―人、ひとにあう。むらの未来と世界の未来』、二〇〇六年、人文書館所載)これら二つの農村の研究は、地元ともいうべき日本の農村を、一歩距離を置いて遠くから見つめなおす作業となった。まず京都という奈良からは少し距離を置いた地点から、少年時代をすごした奈良の農村をみなおし、次にアメリカという日本から少し距離を置いた地点から、日本の農村をみなおしていった。この距離を置いて対象を見るという方法は、そのまま米山の研究方法が、日本の農村のみを研究対象とする農村社会学から、次第に世界の農村を対象とする文化人類学へと、方法論の上で移動していったことを反映しているように思える。

さらに米山はアメリカで、文化人類学の研究方法からフィールドワークの方法を身につけていく。特に住み込み調査によって、個別的で、具体的な聞き取り調査を行ない、それらを積み重ねて分厚い記録を残し、さらにそれらの結果をモノグラフの記述に反映させるという方法を学んでいくことになる。

具体的な聞き取りとフィールドワークを実施することは、身近な社会だけではなく、空間的距離や価値観が離れている社会を見る場合においても、人々の具体的で個別的な人生と直接向かいあって研究することを可能にする。米山は日本の農村社会をめぐる文化人類学的な分析を、それ以降も、『日本のむらの百年』（一九六七年）や『過疎社会』（一九六九年）において、展開していくこととなる。また、こうした農村社会を見る視線は、たとえどの国の農村社会を対象として見る場合においても、そこに住む人々の人生に自らを近づけることによって理解していこうとする姿勢として貫かれることになる。

その後の米山の農村研究は、日本の農村からはるか離れたアフリカの農村へと展開していくことになる。しかし、アフリカの農村研究の中においても、米山は農村内部の内的な社会関係や価値観（米山は「基本的概念」という言葉で表現している）に焦点をあてるだけでなく、それらがいかに変化していったかという点にも焦点をあてていた。それぞれの社会の内的な論理や社会関係が、静態的なものではなく、常に変動しているものであり、その変動する姿にこそ米山自身は興味を持ち続けていたのではないかと思われる。

世界の農村研究においても、農村社会の変動の原因となるものが、都市社会もしくは都市性の発展であることに、米山は気づいていた。アフリカの熱帯雨林にある農耕民社会の調査を行なった時においてさえ、米山は熱帯雨林の中にある、農村と都市とを結ぶ幹線道路に面した小さな交易集落ブランビカを分析し、そこに都市と農村のせめぎあいを見ている。現代社会においては、農村も都市もたがいに無関係に存在することはできず、農村社会は都市社会の強い影響を受けながら存在している。それはアフリカでも同様である。それだけではない。熱帯雨林の真ん中に位置していると思われるブランビカ集落の中にさえも、実は都市性の起源が見出されうるのだ、と米山は主張する。米山独特の繊細な感覚であり、価値観の表明でもある。米山は、都市と農村が完全な対立関係にあるのでもなければ、互いが変換不可能なものであると想定しているのでもない。むしろ農村の中に内在する都市性の萌芽をこそ、重要視していたのである。

ところで日本においては、第二次世界大戦後も長い期間、日本は農村社会の集合体として考えられていた。あるいは日本の社会構造自体が、都市性の論理ではなく、農村の論理によって組織されていると考えられていた。また、しばしば農村の論理こそが日本の社会の近代化を遅らせていると考えられていた。しかし米山は、農村の中にある農村の論理がけっして封建的で、古くて間違っているだけのものではなく、妥当な論理性と合理性をも含んでいるものとして、とらえていた。

しかしその一方で、米山は二一世紀の日本の社会を、もはや農村の集まった社会ではなく、全体として都市化し、市民化した社会へと移行したものとしてとらえている。明治維新から戦後にかけて、長い間日本の社会の基盤を形成していたと考えられている農村社会と農民のメンタリティーは、二〇世紀の末にいたって大きく変質し、日本列島を都市列島に変え、農民を市民に変えたと、本書の中で論じている。しかも、農民は、時には言葉の本来の意味での百姓（多様な職業と農業との兼業や様々な生業との共存）へと回帰していると論じている。日本の農村社会を相対化して見る時に米山が開始していた都市研究が、ここで再び出発点となった農村研究と結合することになる。それはまさに、戦後五〇年間を経て、日本の社会自体が根底から大きく変遷を遂げた結果と、ぴたりと一致する視点でもあった。

東日本と西日本を結ぶ基線

米山の日本社会を見る第二の基線は、東日本と西日本という対比の仕方であり、ものの見方である。日本社会の社会構造を分析する場合に、これまで中心的な位置を占めてきたのは、東日本の社会の分析であった。その中で最も代表的なものは、中根千枝の『タテ社会の人間関係─単一社会の理論』（一九六七年）であろう。この書物は日本の社会の基底を分析するのに、タテの社会関係（親方─子方、親分─子分などの擬制的親子関係）を重視して分析を試みたものである。もちろん中根の分析は、日本の社会全体に通底する部分がある。また、タテ社会という視点を用いることによって、日本社会を世界の比較社会の枠組みに載せ、分析できるようにしたことはたいへん画期的な方法である。現在でもベストセラーであり続けている理由が、よくわかる。それにもかかわらず、中根の分析の基盤となっているのが、東日本型ないしは東北日本型の社会の特徴ではないかという思いが、西日本に在住する研究者には少なからず存在する。西日本の農村や地域社会をフィールドワークしてみると、むしろ社会関係の基盤はタテ型ではなくて、ヨコ型ではないかと思われる点が数多くあるからである。米山は『日本人の仲間意識』(一九七六年)の中で、日本社会の編成原理において、タテ型ではない別の組織原理、ヨコ型の社会編成の原理があるのだという点を強調した。それは同時に、日本の社会に対して、単一社会の理論ではなく、多様社会の理論を構築することでもあった。

その背景には、米山の視点が常に東日本と西日本の比較を行なっていたことが考えられる。米山は、小学時代をすごした関西から一転し、中学時代は東京の自由学園男子部で学んでいる。また、米山の父は東京出身で、父方の親族はむしろ東京やその周辺に多かった。米山は少年時代から、東京および東日本の文化に触れ、様々な機会に、母や母方の親族の住む関西もしくは西日本の文化と比較しながら、その違いを見出していたのではないだろうか。

本書に書かれている「日本文明の基礎にある江戸・東京文化」にもまた、東と西の対立軸という視点が少なからず反映されている。江戸文化、東京文化を見る場合にも、それは自ずと西日本の社会から見た江戸文化、東京文化であり、西日本の文化から見れば相対的に新しい東日本の文化であった。ただし、そうした新しい江戸の文化を高く評価し、積極的に日本文明史における近代革要な意味づけを行っているのが、米山の視点の特色であろうと思う。これは日本における近代革命の端緒を、明治維新ではなくて江戸時代の化政期においた梅棹忠夫の視点とも重なっている。

東日本と比較する場合、西日本の文化を見る米山の視点は、関西、なかでも京都を中心に形成されている。米山は日本文明を二つの中心を持つ楕円状のものとしてとらえ、その中心地のひとつとして、京都を想定していた。本書中の「京都文化―文明の中心のひとつとして―」と「複雑系としての祇園祭」は、まさに西日本独自の文化であり、しかも東日本の新しい文化に対する古い文化としての京都のもつ特色を明らかにしたものである。

実は、京都の文化は一様ではない。何波にもわたって流入してきた文化がこの地で蓄積され、全体としての整合性が図られることになる。その最も根底には、純粋な日本文化というよりはむしろ渡来人の文化が色濃く存在している。京都は、その成立の当初から、国際的な都市として、多様な文化的背景を組み合わせるところから成立してきたわけである。さらに、京都自体の中から独自の文化が醸し出され、平安京の文化として日本独特の文化の一つを生み出していくことになる。一方、その後の京都は、東日本の武士団の支配する鎌倉期においても、武士団が京都を支配した室町期においても、独自の文化を作り上げていった。応仁の乱では京都は一面火の海になり、都市としての骨格が変形さえするが、さらには安土桃山期に入って、ふたたび新しい町づくりと都市の文化が形成されることになる。このように、現れては消え、消え去っては現れ、それぞれの時代に形成された文化が、京都という都市の中で重層的に重なり合っている。それは、寺院の中や都市内部の地理的構成だけではなく、たとえば祭のような非日常的な時間の構成の中にも、具体的な姿となって突然現れてくる。京都は米山のいうとおり、まさに複雑系の世界としかいいようのない世界でもある。

祇園祭の中には、さまざまな要素が混在している。御霊会《ごりょうえ》もしくは御霊信仰の側面、八坂神社の独自の信仰集団の側面、山鉾巡行とそれを支える山鉾町の町衆の側面、山鉾に見られるさまざまな風流の側面、故事来歴と謡曲の側面、傘鉾に見られる花鎮《しず》め祭としての側面、久世駒方稚児に見られる都市と農村の結びつきの側面、山鉾に垂らされたタペストリーに見られる東西交易と織物における美的モダニズムの側面。さらに、祇園祭にはさまざまな音楽、狂言、田楽、神楽、鷺舞、舞踊が奉納される。これに、茶道の献茶を加えることができるだろう。これら多様な文化的要素と社会集団は、別々の起源と歴史を持ち、また別々の地域や集団を基盤とし、さまざまな目的と要素を持ったものが渾然一体となって、一ヵ月にもおよぶひとつの祭りを構成し、京都という都市の姿を現出させることになる。もちろんその中には、京都以外から訪れる新しく見物人となった人々もまた、重要な構成要素として組み入れる装置になっているのである。

自然環境と社会・文化環境を結ぶ基線

米山にとっての第三の基線は、自然環境と社会・文化環境とを結ぶ基線である。日本の社会を文明史の中で位置づけるためには、ただ社会や文化という点からだけではなく、その背景となる自然環境もしくは生態的環境を視野に入れてとらえておく必要があるとする考え方である。それは、本書の「文明の補助線」や「『小盆地宇宙』再考」に、強く現れている。

「文明の補助線」では、日本の社会の基層に存在する狩猟採集社会と縄文文化に考察を広げている。それは、東日本と西日本という視点や、都市と農村という視点からはたどりえなかった地域であり、日本列島の南端と北端に位置している。これらの地域には、弥生時代以降の水田農業に基づく農業社会や農村社会とは、まったく別の世界と歴史があったと考えられる。

日本の中には、水田稲作農業に入る以前の社会、すなわち狩猟や採集を行ない、あるいは漁撈に大きく依存していた社会が存在し、そこにも日本文明のもうひとつの基盤があるのではないかと米山は考えている。三内丸山遺跡は、こうした米山の思考にとって、最も原点となる集落遺跡だ。しかも、狩猟採集と漁撈を中心として生計が立てられているが、けっして小規模な社会ではない。大規模な集落が作られ、それが千年から千五百年にもおよぶ期間にわたって存続し続けている。

三内丸山遺跡は、本州の最北端に位置するが、イワシやマダイ、クロダイ、マグロ、ブリなどの魚類や、アサリやハマグリなどの貝類、クルミやトチやクリなどの木の実、さらには狩猟によるイノシシやニホンジカ、ガン、カモなどの食料品にめぐまれた豊かな社会であった。

しばしばわれわれには、農耕が開始された時期こそ、文明が育まれる最初の時期だとみなす考え方がある。農耕による食料の安定的供給と穀物生産による食料の余剰と蓄積が、文明を生み出す基礎となったとする考え方である。そのことから逆に、農業生産が中心となる以前であった縄文時代は、厳しい生活に追われる貧しい狩猟民の世界であったのではないかと想像されがちである。

しかし、ほんとうに狩猟採集社会は貧しく、余裕がなく、日々の生活に追われているのであろうか。米山はアフリカの熱帯雨林やサバンナの中で、農耕民と隣接する狩猟採集民の社会に出会っている。そこで見た狩猟採集民の社会は、必ずしも日々飢えに脅かされているだけの社会でもなければ、時間や生活にゆとりがない世界でもない。確かに食料があふれるほど余っている社会でもなく、所持品も少ないが、食料の種類は豊かであり、音楽や舞踏に満ち、メンバー同士でそれを分け合い助け合いながら生活している、別の意味では豊かな社会である。むしろ、日々の生活に追われ、多くの労働に日々精を出さなければならないのは、持ち物の数ははるかに多い農耕民の社会の方ではないだろうか。実際にアフリカの狩猟採集民と出会い、農耕民の社会との違いを知っている米山だからこそ、このような視点で日本の縄文遺跡を見て、それを日本文明および日本文化のもう一つの基層として考えようとしたのではないだろうか。

こうした米山の考え方は、たとえば水田を中心とした日本の農業社会のみを日本文化の中心だと考え、日本の社会を農業にのみ特化してきた社会と見る主流派の見方とは違いがある。もちろん、水田稲作は日本の社会や農業を考える上で重要ではあるが、日本の社会や文化は稲作農業にのみ単一化しているのではない。米山は、日本の歴史全体を振り返れば、水田農業だけではなく実にさまざまな生業が並存して行なわれている社会であったとする網野善彦や佐々木高明の世界観に共鳴する。そして、日本文明の基点を、水田農耕が始まり普及した弥生時代におくことから、この三内丸山遺跡を生み出した縄文時代に置きかえることによって、日本文明の歴史を二三〇〇年前から五〇〇〇年前にまで遡らせて考えることができるとする。そうだとすれば、日本文明はその成立の当初から、歴史の半分あまりもの間、狩猟採集文化が色濃く存在し、しかも考えている以上にその世界は豊かな世界であり、よく見れば現代にも続く日本文化のある側面が継続している、ということになる。

日本文化における多様性と小盆地宇宙論

米山が、自然環境もしくは生態環境と社会・文化環境との結びつきを考えた末に到達した考えは、「小盆地宇宙」という概念である。それは『小盆地宇宙と日本文化』（一九八九年）という形で公表されることになった。本書には、さらに練り直した「『小盆地宇宙』再考」という章が含まれている。

米山の日本文化を見る視点、それは日本文化を一元化するのではなく、日本文化に内在する多様性を発見することにあった。ある時には、水田農耕社会の周囲に非定住型の多様な生業様式をとりあげ、ある時には、水田農耕社会の基層に存在する縄文期の狩猟採集社会をとりあげた。さらにもうひとつ、日本文明と日本文化を見る場合の多様性を分析する場合の基礎的な単位として、米山は「小盆地」というものを発見する。小盆地宇宙とは、日本の社会の中に存在する多数の盆地世界のことである。盆地とはベースン（basin）であり、基本的には自然環境のひとつとして定義できるものである。日本列島を、平野世界として見るのではなく、同時に山岳世界として見るのでもない。また海岸線から見た沿岸世界として見るのでもない。そうではなくて、無数に点在する盆地群にこそ、日本社会の原型が見出しうると論じているのである。しかも、この盆地にとって重要なのは、周囲の山々とそこから流れ出て、やがて次の盆地や平野へと結び付けていく河川の存在である。この流れ出る河川の流域も、やはりベースン（盆地、流域）と呼ばれる。こうした多様で小さな盆地世界さらには流域世界にこそ、日本文化の基層が存在していると米山は考えているのである。

もっとも盆地（ベースン）といっても、地理学的には大規模なものも含めて定義されている。米山は実際に、アフリカにおける巨大なコンゴ盆地やアメリカのグレート・ベースンの流域世界を知った上で、日本文化の特色としては、日本の中に点在する小規模な盆地群にこそ注目したのである。

日本の小規模な盆地の内部には、それぞれ小規模ながらも文化的には世界観と呼んでいいものが存在している。そうしたコスモロジー（世界観もしくは宇宙観）を含んだものが、小盆地宇宙論の基礎となっている。もちろん米山は、海岸線に連なる小さな平野も、この小盆地のカテゴリーの中に含めている。一方では、山間部に点在する小さな谷あいの盆地も、小盆地の中に含めている。その数は、日本列島全体で、百を超えるものと考えられている。しかも、それらの多数の小規模な盆地群をつなぐものとして、河川こそが最も重要な役割をはたしていると考えられている。

米山の小盆地宇宙論の根底には、実は米山が最初から生活世界の中で感じ取り、同時に研究を進めてきたいくつかのモデルとなる小盆地世界が存在したと思われる。米山自身は本書の中で、小盆地世界のモデルとして、最初に本格的なフィールド調査を行なった岩手県の遠野盆地を挙げている。すなわち、「それは遠野が典型的な城と城下町を持つ中心にして、北の早池峰山《はやちね》をはじめ、四方を山に囲まれた地形であり、分水嶺から盆地に集まった水はひとつの猿ヶ石川になって、西南の方角に流れ出て、北上川に合流しているからである。」（本書「『小盆地宇宙』再考」より）と述べている。

しかし、これまで論じてきたように、米山が想定している小盆地宇宙の中心的なモデルは、かならずしも遠野盆地だけではないと筆者は考える。米山の想定した小盆地宇宙の最もプロト・タイプは、米山自身が育った奈良市東方の山中（現在では奈良市都祁《つげ》地区となっている）から見た奈良盆地にあったのだろう。米山は盆地の周辺に位置する山の世界の東山中から、盆地の中心に位置する奈良や天理の町とその世界を見ながら育ったことになる。そこには、東山中もまた、奈良という小盆地世界に含まれていることへの生活実感が基礎となっていたのだろうと思う。

やがて青年時代からそれ以降になると、最後まで住み続け、愛し続け、米山が独自の学問を形成するのに重要な意味を担った京都という小盆地世界が、中心的なモデルであったと思われる。たとえば、本書の「『小盆地宇宙』再考」の中に含まれている小京都論は、実は京都をモデルとした日本の数多くの小盆地世界とみごとに対応している。小盆地の中の多くは、その中心に京都をモデルとするような小さな文化都市があり、特に江戸時代以降になると、事実上は城下町がこうした小さな文化都市であることをみたす要件となっていたのではないだろうか。

最後に米山は、日本文明と日本文化の位置づけについて、いくつかの提案を試みている。ひとつは、日本文明を弥生以降の水田稲作社会に限定するのではなく、縄文以降の文明として位置づけることである。そうすることによって、日本文明に複数の日本文化の文化要素が混在していることを発見することも可能になるだろうし、あるいはこれまで説明できなかった側面を解明することができるかもしれないという提案である。

第二の提案は、古代・封建・近代、もしくは野蛮・未開・文明といった西欧的発展段階論の枠組みから、もう解き放たれたほうがいいのではないかというものである。西欧的な、あるいは西欧中心主義的な発展段階論の内部に、汲々として日本文明や日本文化を位置づけることに終始するのではなく、たとえばアメリカ先住民やオーストラリア・アボリジニー、あるいはエスキモー（イヌイット）やアフリカの狩猟採集民などを含む、多様な人々の多様な社会の中で、日本文明や日本文化を位置づけなおすことによって、今までには見えなかった世界や文明観が現れてくるのではないかという提案である。

米山が遺した最後の知的フレームワークは、ふたたび日本文明と日本文化の位置づけに関する新しい知のぶどう酒が注がれることを、ゆっくりと準備しているのである。

〈参考文献〉

米山俊直、『米山俊直の仕事―人、ひとにあう。むらの未来と世界の未来』 人文書館 二〇〇六年
米山俊直、『日本のむらの百年』 日本放送出版協会（NHK出版） 一九六七年
米山俊直、『過疎社会』 日本放送出版協会（NHK出版） 一九六九年
米山俊直、『アフリカ農耕民の世界観』 弘文堂 一九九〇年
中根千枝、『タテ社会の人間関係―単一社会の理論』 講談社 一九六七年
米山俊直、『日本人の仲間意識』 講談社 一九七六年
米山俊直、『祇園祭―都市人類学ことはじめ』 中央公論社 一九七四年
米山俊直、『小盆地宇宙と日本文化』 岩波書店 一九八九年
米山俊直、『都市と農村』 放送大学教育振興会 一九九六年
米山俊直、『私の比較文明論』 世界思想社 二〇〇二年

付論

最終講義――「小盆地宇宙論その後――なら学との関連で」

米山俊直（京都大学名誉教授・国際京都学協会理事長）

二〇〇六年二月五日、奈良女子大学Ｆ棟五階大学院大会議室

今日はわざわざ、私のためにこの機会を与えていただいて、光栄です。一年半前の二〇〇四年一〇月に胃の全摘手術をしまして、もうそろそろ、いい死に時ではないかと思って。その意味では、毎日時間を大切にして生きていたいと思っています。あと三カ月の命と言う説もあります。

昨夜、ふと気がついた。From Here to Eternity「ここより永遠に」という映画の表題があった。それでいえば、生死の境は永遠とこの世の差に過ぎない。朝になってその話をしたら、妻の冬志子は「ここ」は真珠湾の話だといいます。中身は知らなかった。

百人一首に「わたのはら八十島かけて」ではじまる歌のある小野篁《おののたかむら》は、からだはこの世にありながら、閻魔《えんま》大王につかえ、地獄とこの世を自由に往来していた。その篁に連れられて、矢田寺の満米上人は地獄で衆生に代わって責苦《せめく》を受けている地蔵菩薩を見て帰り、それを写そうと苦心していると、四人の老人が現れて、地蔵を作っていった。四人の翁は春日四社明神であるという。地獄でもらってきた小さい米びつは、いつも米がいっぱいになっていたので、満米上人という名があるそうだ。私はひょっとすると、この世とあの世は往来自由ではないか、と思う。

実は、二月二日にドクターから余命あと三カ月、九〇日という宣告を受けました。六カ月は保

障できないということなのです。ですから、今日はあと八七日と言うことになります。一期一会。遺言の心算(心づもり)でお話ししたいと思います。

さて、今日のテーマを求められました時に、とりあえずまだ、半ば打ちかけのままで気になっている「小盆地宇宙論」について、良い機会だからその後考えていることをお話ししたいと思ったのです。岩波書店から『小盆地宇宙と日本文化』と言う本を出したのが、一九八九年。沢山の正誤表が付いたみっともない本でした。大分県知事(当時)の平松守彦さんが日本経済新聞に書評を書いてくださって、おかげで第二刷が出ました。でも、まだ不満足なので、新書版程度の書下ろしをして死にたいと思っています。

ASとRS

「小盆地」については、あとでのべるつもりですが、それに先立って「なら学」あるいは、「京都学」などの、今日の主題である地域研究について、すこし私の考えを述べておきます。亀岡学、丹波学、播磨学、横浜学、大阪学など、各地の「学」がかなり広がっていて、それぞれ興味のある活動がすすめられているようです。赤坂憲雄さんの「東北学」や、「遠野学」などが各地に広がっているようですね。といっても私自身は、それほど各地の「学」を知っているわけではありません。『大阪学』が大谷晃一さんの独占であることぐらいしか知りません。

ただ、このような地域研究はたいへん好ましいことであると考えています。地域研究―エリアスタディ―というのは、本来は東南アジアとか、アフリカとかいう広域についての総合的研究を指していまして、事実、京都大学にはアジア・アフリカ地域研究研究科が大学院ASAFAS(Graduate School of Asian and African Area Studies)に出来ています。京大在勤中には、地域研究と地域科学―リージョナル・サイエンス―、ASとRSの対比などを問題にしたことがあります。対象は地域ですから共通ですが、その方法が全く異なります。RSは、パッケージでポータブル、つまり地球上どこでも適用できるような、たとえば戦時中に飛行場を建設するとか、砂漠に油田を開発するとか、個々のプロジェクトに応じた地域への計画と実施の科学で、京大では経済学部の山田浩之(現・羽衣学園大学学長)さんが中心になっていました。これに対して、AS―地域研究というのは、文化人類学に非常によく似た―フィールドワーク・地域調査と共通した―ところがあります。

それは、その対象地域についての綜合的な研究ということであります。前提になっている地球科学的な活断層なども、気候学、気象学的特徴、FAUNA、FLORA、地形、地質、水系、地下水の分布などの自然条件をはじめとして、人口の動態、密度、男女比など。それに歴史、文化、さらに文明までを含みます。

そして、ことに日本の国内の場合には重要なのですが、歴史の長さに応じた過去・現在・未来の総合的判断が浮上します。

総合的研究

総合的研究というのは、密度に応じて何処まで、ということがありません。私は日本語版の『大英百科事典・エンサイクロペディア・ブリタニカ』の「アフリカ」という大項目を担当したことがありますが、これも、歴史の無い野蛮地域という従来の偏見を破ることに主眼をおいた視点を示すことで、ともかくの地域の紹介を試みました。

反対に、都道府県ないし、それよりも狭い地域を対象とするならば、周辺との関係を意識しつつ、やはり内部の詳しい記述が必要になるでしょう。それは文化人類学でいうフィールドワークで集める情報、いわゆる民族誌的情報というものと重なり合う部分が大きいと思います。できれば、過去・現在・未来にわたっての把握が望ましいのです。

仰角か俯角か・外部の目

その時に重要なのは視点がどの高さか、ということではないでしょうか。司馬遼太郎さんの亡くなった時に、ある人々は司馬さんの視点が上から見ていると批判しました。私はむしろ、彼の視点の優れているのは、その鳥瞰的、俯瞰的な見方だと思っていました。同じような意見の人も少ないようです。鳥の目、虫の目とも言いますが、その両者を兼ね備えるのは容易ではありません。私には仰角と俯角の双方が大切ではないかと思います。

すこし脱線しますが、私自身は、大和東山中（現在は奈良市都祁《つげ》友田町）の生まれで、天理市へ名阪国道を降りてくると、いやおうなしに奈良盆地を俯瞰することになります。

つまり周辺から中心―クンナカ―を見ることが多かったのです。それよりも、更に、私自身の生い立ちが、階層からいえば地方の小地主層でありながら、社会福祉事業と普通呼ばれる、問題児や、要保護児童を保育する施設（はじめは私設の代用感化院で、のち県立になった）の職員の子どもで、周囲は完全に農村であるにもかかわらず、農業とは距離がある子ども時代をすごしてきました。その意味でも、マージナルな存在でした。さまざまな不良少年のタマゴたちを仲間にして遊び、人にはさまざまだということを幼い時から気がついていたのだと思います。この周辺からのまなざしも、もしかしたら民族誌的モノグラフには重要なのかもしれません。文化人類学を専攻して、日本国内ばかりではなくアフリカ大陸で、それもタンザニア、マリ、ザイール（現コンゴ民主共和国）、モロッコという四つのことなる国と民族を調査したのは、私がマージナルな存在だと思っていた所為かもしれません。

実は、私の大学の卒業論文「宮座の変遷と村落社会」（一九五四）、そして修士論文「農村社会における行動様式の基本的形態」（一九五六）も、私の生まれた場所、現在は奈良市都祁友田町（もと奈良県山辺郡都介野村大字友田）のフィールドワークに基づいているのです。アルバイトで、フルブライト奨学金で来日したラルフ・グリーンハウスというコロンビア大学の人類学の学生の手伝いをして、週の半分を京都で、残りを奈良の自宅で送り、論文の材料もそこで集めました。

旧著の翻訳から

こんど必要があって、一九六七年にイリノイ大学出版局から刊行されていた私の論文を英語から日本語に直す仕事をしました。まだ三論文のうち、上之庄という天理市、もと二階堂村の一集落の部分しか済んでいませんが、今日のこともありますので、まず手をつけてみたのです。今年は二〇〇六年ですから、ちょうど四〇年前に心血をそそいでまとめた論文です。しかし読み返してみますと、やはり幼さというか、思考の浅さが気になります。

フィールドワークの仕方も、例えば大和川がすぐ近くから盆地底を流れているのに、又郡山が至近距離にある都市なのに、あまり配慮していないのは、天理市、天理教の存在に眼を奪われていた所為かもしれませんし、ただ都市への通勤、と言うことでその内容にはほとんど触れていないことなども、不満でした。ただ、カラケ、あるいはカッテカラケについての発見などは、田畑輪環作として話題になるよりも早い発見だったと思いますし、また生活改善の名目で、集落の人々が自縄自縛の自己規制に陥っている状態の発見などは、やはり長期滞在の結果だったと思います。

「なら学」についての視点いくつか

以下、「なら学」についての私の想いを、すこしばかりお話したいと思います。

1．京都学の場合も同様ですが、「なら学」でもその歴史の奥行きがなによりも重要になります。これは、例えば古代エジプト研究をしている人などと違って、歴史的事実が現代、あるいは未来につながっている点が非常に特徴的だと思います。たしかにエジプトでも、土産物などに、古代が生かされていますが、それとは話が違う。京都や奈良の場合は、すごい歴史の厚みが現代につながっている。そのいわば因果関係、その連鎖が、いまも生きているという側面が少なくないのです。歴史の重さ、奥行き、これはかけがえの無いものです。いわば圧搾空気のように、史実が詰まった空間に人々が生きているといえるかもしれません。

2．ならの場合は、その歴史がいわゆる科学的な史実だけではなく、記紀万葉の神話につながっているということが、風土に大きいロマンをあたえます。それは京都の場合と比較すると、あきらかに文脈が違います。紫式部、清少納言の文化とは、非常に違うものがある、と思います。三輪山、明日香、二上山、吉野山、宇陀、長谷、山の辺の道、柳生の里……。和辻哲郎、亀井勝一郎、竹山道雄、寺尾勇などの「なら」についてのエッセイの系譜は、折口信夫の古代学、その「古代感愛集」、そして「鹿鳴集」の会津八一などにつながり、独特の

「なら文化」を演奏しているように思います。

司馬遼太郎さんは、「母親の里が葛城山麓だったから、半ば奈良県人のつもりでいる」とのべ、「奈良県は温暖で天災がすくないうえに、江戸時代は天領だったために税が安かった。人情の穏やかさは、そういうことと無縁ではない。」「そんな―いわば無為にちかい―土地柄のなかから、折口信夫や、保田與重郎、さらにはわが前川佐美雄といった、他と比較を絶した詩魂がうまれたのはふしぎな気がする。共通しているのは、いずれも大和の土《くに》の霊に根ざし、人というより、巨樹をおもわせるところがある。」(『以下、無用のことながら』、文藝春秋二〇〇一)と、三人の土着の人をあげています。

3．文学的な側面から申し上げましたが、これは言うまでもなく自然環境、四方の山並み、湧き出る泉、国のまほろばと呼ばれた盆地底、そして大和三山や三輪山など、「なら」を形成する自然―基本的には照葉樹林が極相でしょうが、盆地底は湿原だったかと思います―があり、それを抜きには「なら」は語れないのです。「大和豊年米くわず」という諺があり、これは盆地は水が万年不足していて、十分に雨が降る年は、他の場所は稲が腐ってしまう、ということに由来します。それで溜池が発達、「埴安の池」や弘法大師の益田池(橿原市池尻)があり、また環濠陵墓や、環濠集落も多いのであります。

4．上之庄の論文を訳してみて、私は中世から近世にかけての「なら」をほとんど欠落させてこの論文を書いていると気がつきました。上之庄は伊賀藤堂藩の所領として明治維新を迎えているのですが、周辺は興福寺領とか、大乗院領とか、荘園のなごりと、郡山藩をはじめとする八つの小藩に分属していました。奈良盆地とその周辺は、じつに複雑なゲリマンダーの歴史を繰り返し、大和大納言のあたりでやっと落ち着いたとはいえ、桓武天皇にきらわれた南都七大寺の勢力や、地侍、土豪劣紳《どごうれっしん》の割拠がありました。その背景には、染田天神社の連歌講が、二世紀にわたる懐紙を遺していることは、東山中の地侍の結束と、なによりもそのリテラシイの存在していた事実に感銘を受けるのであります。なお気がついたことですが、いまの学生諸君は農地改革という嵐が占領政策のなかで吹きまくったことを知りません。土地改良と混同しています。

5．いま、奈良県出身の著名な人々と何人か親しくしています。ただ同郷感覚はあります。毎日テレビの重役だった辻一郎さんは、大手前大学で御一緒しました。丹波市の出身です。NHK大阪放送局長の堀井良殷さんは、大阪二十一世紀協会の理事長ですが、桜井市の旧家の出身です。現在の国際日本文化研究センター所長の片倉もとこさんは、〝なら弁〟でいちばんリラックスしています。

江戸時代中期の『人国記』には、「大和の表郡の人気は名利を好むものが多いが、奥郡は隠る氣がある。表郡は山城の国と似るのはともに王城の地だったからだろうが、追従や両舌を使う弊がある」と書いています。（永島福太郎『奈良県の歴史』山川出版社　一九七一）また国立民族学博物館名誉教授の祖父江孝男さんは県民性の研究でよく知られていますが、先生の

『県民性』（中公新書、一九七一）には奈良県については実に簡潔な紹介がありますので、それを全文紹介しておきましょう。

「歴史に包まれた奈良：奈良県は、なによりもまず、もっとも古い歴史を持ち、その歴史に包まれて育ったところである。そういう意識が裏うちされているせいか、奈良には京都に似た排他性があるというが、京都よりはずっと弱いものであるらしい。また歴史のなかでヌクヌクとしていたためか、消極的だともいわれている。県人会の事務局の話では、なによりも県人同士の結びつきが弱く、てんでんバラバラで、これは県民の性格に個人主義的な傾向が強いからだと嘆いていた。これも結局は小藩分立のためと言われるが、しかし同じ藩の地域の出身同士でも団結がないところをみると、もっとほかに原因がありそうに思う。

個人主義ということに関連してくるが、よく言われるのは、利口、利己的、勘定高い、そしてさらには商才にたける、等々だが、この例としてよく引かれるのが、旧城下町大和郡山市の場合で、幕末には下級藩士が副業に金魚の養殖をやっていたため、御維新のさわぎのときにも全員そろって金魚屋に転業しており、現在では全国の四割の金魚を供給しているという。」（一七八頁）

6．私には、保仙純剛『奈良』（「日本の民俗」29　第一法規）や、高田十郎『大和の伝説』（大和史跡研究会　一九三三）などの業績が、非常に貴重なものと思えています。沢山の文献があり、また資料もありながら、もっとも虫の目に近い人々の生活記録が、ある意味では十分に蓄積されていない、という印象があるからです。いま民家も集めている奈良県の民俗資料館もありますが、いわば常民の生活をちゃんと遺しているのは、こうした過去の痕跡を残すだけになった盆地の嘆きであります。しかし、念入りに追いかけてゆけば、まだまだ、未開拓の資料はあるはずです。今度気がついたのですが、上之庄の文章の中で、隣村の荒蒔という集落に、一五七三〜一八三四年の二六三年に及ぶ年代記があり、それは天理市史資料編に収まっていますが、これなども集中的に研究する価値があるのではないでしょうか。

　できるだけ、虫の目の側に立つこと、それを主眼にしてきた私のフィールドワークの視点は、まだまだ十分とはいえません。ことに四民の下に位置づけられてきた被差別・未解放の人々の歴史は、それなりに非常に重要だと思いながら、コミットメントをしていません。

7.

論文「上之庄」の翻訳をして、この四〇年間に奈良盆地がどれだけ激しく変化したか、を改めて確認させられました。通勤兼業の増加、第二種兼業の増加などは、すでに記述してありますが、その後、この盆地に大きい工場が建設され、周辺の山地に多くのゴルフ場が誕生するということは、予測できませんでした。名阪国道も、かつて河野一郎建設大臣の視察があって、あっという間に実現してしまったのですが、その後の「風光推移」はまさに眼を見張るものがあります。西大寺から東、近鉄でゆくと、平城京阯の（復元という名の）「再開発」が進行中で、新しい楼門などが建設されていきます。生駒市に先端技術大学院が誕生して、京阪奈文化学術研究都市がしだいに整備されていきます。城陽市のあたりを通過する第二名神国道計画も浮上しそうです。

その間に、関西空港が建設されて、いまでは海外へはこのルートをとるのが至便となりましたし、EXPO90国際花と緑の博覧会とか、さまざまなイベントがありました。一一年前になりますが、阪神淡路大震災のことも忘れてはなりません。世界はパレスチナ問題からアフガニスタン、イラク戦争に突入して、まだテロリズムの恐怖は消えていません。

「なら」をとりまく環境は、おおきく様変わりしているのです。

8．このへんで、「なら」についてのコメントは終わりたいと思います。ただ、最後に、例えば寺尾勇先生の『ほろびゆく大和』(創元社　一九六八)のような、ルサンチマンに満ちた書物についてコメントしておきます。それもまたロマンの結果です。
京都についても、新しいJR西日本の京都駅についての賛否両論のように、おなじような議論は付きまといます。庶民、市民は、こういう権力―経済力の前には手も足もでません。どのように考えるべきか、これは宿題にしておきましょう。

国際京都学協会でも体系的に「国際京都学とはなにか」という議論をつみあげようということになって、私がその皮切りに昨年秋に二四枚ほどのパワーポイントを使って話しました。それをおまけに紹介しておきます。「なら学」の場合も、おなじようなことになるかと思います。

9．「なら学」とひらがなで表記されていることに、ご苦心がうかがえます。「なら」というけれど、司馬さんの奈良と私の「なら」では全く異なるイメージになります。また、『過疎社会』（ＮＨＫブックス、一九六九）で記述した吉野郡大塔村の場合も、全く異なる光景があらわれます。生駒・信貴・葛城・金剛の山並みに沿った西の山脈もそれなりの独自性があります。このバラバラなものを、「なら」としてどう統一的に認識してゆくか、これはかなりの力技が必要ではないでしょうか。いちばん良い策は、存在そのものを肯定して捉えることでしょう。折角の民族誌つくりの専門家ばかりですから、うまくできあがるのを大いに期待しています。同じことは山城から、丹波、丹後にかけての広域に含む京都府についてもいえますね。その歴史的経緯を知れば、いまの県境、府境というものもつまらない契機によることがわかります。

10. 「なら学」をどのようなものとして構築するか。これは今後の課題でありましょう。あまり深刻にこだわらず、たのしい研究を続けて、その成果を蓄積してゆけば、自然に完成に至るのではないでしょうか。

私は皆さんの能力、学力、タレント性を高く評価しています。京大にいた時も、その後もそうですが、私は皆さんに教えられて成長してきたと思っています。教師ぶったことは、できるだけしたくなかった。そのお陰で、いまや驚くべきタレント集団が、私の身辺に誕生しています。昨年の二月、京都大学百周年時計台記念館になった本部の建物内のレストラン「ラ・トゥール」で、道川文夫さんと家内も含めて一一人が会食しました。それは、鵜飼正樹（京都文教大学人間学部文化人類学科）、奥野卓司（関西学院大学大学院社会学研究科）、嘉田由紀子（京都精華大学環境社会学科、現・滋賀県知事）、栗本英世（大阪大学大学院人間科学研究科）、末原達郎（京都大学大学院農学研究科）、福井勝義（京都大学大学院人間・環境学研究科）、松田素二（京都大学大学院文学研究科）、村瀬智（大手前大学人文科学部日本文化学科）の皆さんでした。錚々たる人材でしょう。ほかに、石森秀三（国立民族学博物館）、梶茂樹（京都大学大学院アジア・アフリカ地域研究研究科）、森田三郎（甲南大学）、の三人が欠席でした。

『小盆地宇宙論』について

終わりにあたって、はじめに述べました『小盆地宇宙と日本文化』刊行後の展開について触れて、話を終わりたいと思います。一村一品運動で有名になった平松大分県知事の書評が日経にて、岩波は増刷を決めたようですが、ほかにも樺山紘一さんが毎日新聞に、樋口忠彦さんが朝日ジャーナルに、ほか京都新聞、熊本日日新聞などにも、おおむね好意的な書評が掲載されました。

平成三年（一九九一）の一一月一一日、兵庫県篠山町（現篠山市）の田園交響ホールで、「'91小盆地宇宙フォーラム・篠山」が開催され、午前中は、遠野市から来た語り部の正部家ミヤさんの「昔話」を皮切りに、貝塚俊民・兵庫県知事の基調講演、午後は私がコーディネーターになって、岩手県遠野市長、三重県伊賀上野市三重県文化振興懇話会委員、兵庫県出石町長、岡山県津山市街づくり対策室長、島根県津和野町長、そして篠山町長をパネリストとして夕方六時まで、長いフォーラムを開催しました。篠山町は熱心に準備されて、きれいな参加市町のリーフレット類を集積した「ガイドブック」を制作してくれました。内容は、どうしても「お国自慢」の傾向をもつのはやむを得ませんが、それぞれの地域の頑張りがうかがえて、興味がありました。継続してフォーラムを、という声もあって、私も次は津山か、あるいは亀岡かと考えていましたが、当方が海外に出ることも多く、立ち消えになってしまいました。

ただ、放送大学の特別番組で、「小盆地宇宙」という単発の番組を制作、その時には放送大学のクルーに津山までご足労願って、津山を紹介しました。

もうひとつ、これは天理やまと文化会議の井上昭夫さんが開催した、「シンポジウム・盆地の宇宙・歴史の道—大和盆地を中心に—」という二日間にわたる大規模なシンポジウムです。これは平成六年(一九九五)八月二〇日、二一日の二日間で、この年の三月に京大を定年退官したばかりでした。岩田慶治、梅棹忠夫、金関恕、鎌田東二、金容雲、熊沢南水、実川幹朗、菅谷文則、千田稔、中井久夫、樋口忠彦、村山元英と大勢でした。この時に、私は中井先生などには始めてお目にかかったと思います。その記録は井上昭夫編『シンポジウム盆地の宇宙・歴史の道』(善本社　一九九五)として刊行されています。

[了]

米山俊直先生のこと

道川文夫（編集者）

あの日この日

モシモシ、米山デス。

あのう、以前の約束した「原稿」を、書き上げてしまおうと思うんです。

つぎに京都に来るのはいつデスカ。

——受話器を通して、モーツァルトが聞こえてくる。

では、その時に連絡をください。ひるめしか、ゆうめしをごいっしょしながら、打ち合わせをしましょう。——それでは。そうだ、「大和大路」のいつものところで、五時半にしますか。——

米山先生との電話でのやりとりは、いつも簡明。ごく短く要件のみを、せっかちな調子で語りかけ、「じゃあ、その時に」、で終わる。


米山先生との最初の出会いは、一九六八年六月頃のことだった。

前年には『日本のむらの百年』を上梓され、次の作品の『過疎社会』の打合せに上京された折であった。たしか、東アフリカ・ケニア、タンザニアの調査を終えて帰国された直後であったと思う。色浅黒く、精悍なつらがまえであった。

先生は三七歳九か月。おおっ、ダンディな若手学者、「かっこいいですね」と云ってしまったように思う。先輩編集者が、わたしをちらっと見て、軽々に語りかけるなという顔をした。

あの日いらい、四〇年ちかくが経つ。

そのころの仄かな憶い出をたぐりよせながら、以下に些事を書きならべる。

いつもの呑み屋で、打ち合わせ。先生との作業手順は、次のように。先生はビールをひとくち含んで、すぐさま京大式カード（左右一八cm×天地一三cm）を手にして、キイ・ワードを発して、それらを次々に文章化してゆく。

わたしも思いついた関連する事項を、カードに記載し続ける。三〇分、一時間が過ぎるころには、カードは、たちまち五〇枚から七〇枚になる。そのカードを、八畳ほどの座敷いっぱいに広げる。議論を続けながらカルタ（カード）を取り、分類する。この「問題」は集約して、この「項目」に繋げますか。「そうね」、この「主題」は、もっと深めよう、などと、営々として議論とカード作りとカード取りは果てもない。そうなのだ、ＫＪ法（川喜田二郎先生が考案）による整理法なのである。米山先生のフィールド・ワークの経験・知見が迸《ほとばし》る。編集者は、著者の発想を受け止めつつ、意見を厳しく求められる。著者と相対しての甲論乙駁、実力テストの時間なのである。さもなければ、指導教官と一人の学生との相対《あいたい》ゼミナールとでも云えようか。厳しく辛い、しかし楽しい著者・米山さん（敬愛をこめて）との打ち合わせなのであった。

「これで、全体の構成案が出来上がりましたね」

「研究室で資料に当たって、もう少し整理しなおしておきます。次回はウチの書斎で」

「じゃあ、おサケを頼みましょうか」

「センセイ方、もう、むつかしい話は、終わりましたか」と、オカミさんの声が入る。漸くにして「じゃあ、呑みますか」となるのだ。

硝子戸が勢いよく開く音がする。と同時に、「ヨオッ、ゲンキかあ」というどら声が響く。奈良本辰也先生（歴史家）だ。連れは依田義賢さん（シナリオ・ライター）。映画の話らしい。わたしは、米山さんから、学界の最新情報を聞き出すことに専念。そして呑み且つ喰らう。

「もう、九時を過ぎましたね。どうしましょうか」「もう一軒、行きますか」

また、硝子戸が強く鳴った。どこかで見た顔だ。そうか、映画監督の大島渚さん、続いて俳優の夏八木勲さんらしい。かれらは座敷に上がり込んだ途端に、激しく演劇論を交わしはじめた。

「米山先生、そろそろ、場所を変えましょう」

そして、大和大路から花見小路の、とある所へ。ドアを押すと、静かなクラシック音楽が流れている。見ると、スタンド・バーの椅子に腰をかけているのは、井上忠司（甲南大）、藤岡喜愛（兵庫医科大）、杉田繁治（民博）各氏など。藤岡さんが、「ヨネちゃん、ローレンツの、あの本

（『ソロモンの指輪』）、オモロかったやろう」などと、面白い掘出し本などを話柄にする。ここは、桑原武夫先生や橋本峰雄先生、多田道太郎先生などが、寄り集う〝文化サロン〟でもあったのだ。むろん、諸先生方と共に、ここは講談社、弘文堂、中央公論、岩波書店、潮出版社の編集者たちと遭遇する、情報交換と敵情視察の呉越同舟の場でもあった。

米山さんは、この課外授業の名チェアマンであり、人間好きの面目を発揮する。散会する頃は、酔いの眩暈《めまい》を伴うことになったのだが。

編集の仕事とは、人間が人間に会うことだ。そのことを、米山さんから学んだように思う。

人、ひとに会う

屋外授業は、フィールド・ワーク、野外手帖づくりである。過疎地域の村落調査で、新潟県の柿崎、中頸城郡妙高高原近くの村歩きと農協を巡った。米山先生と学生の二人、そして先輩編集者との総計五人の珍道中となった。

真夏の新潟の村歩きは、学生にはリポートが課され、米山先生は、村の故老に会って生活史（ライフ・ヒストリー）の聞き書きをする。「農民の生活史と文化変化」のモノグラフを作成することが課題であったようだ。その後、学生たちが、どう纏められたかは知らない。

先輩とわたしは、かれらの学習ぶりと調査の仕方を見守る、たんなる観察者であり、記念写真係であった。研究調査の知的創造の「場」の立会人としては、役不足であったことを、今にして思う。

岡山県の離島（真鍋島）調査にも参加したことがある。京大探検部の学生やケニアの大学からの留学生を交えて、海人（うみびと）の文化を調査することが課題であった。

早朝に島の人たちと船着き場に出て、漁師さんたちを迎える。その後は漁協に行って〈四方山《よもやま》〉話の輪に加わる。昼間は半農半漁の村めぐり。昼食後、ひと息入れて海水浴にも出かけた。

民宿での夕食後の勉強会では、米山さんが、民俗学者の宮本常一先生の業績などに触れながら、英語とスワヒリ語を駆使して、愉快に講義をしてくださったことを憶い出す。日本文化の多様性、殊にも、山の民と海の民、非農業民の文化を捉え直すことを強調していたのであった。網野史学や〝アナール派〟が隆盛する以前のことである。「記録を残さなかった人びとの歴史」、「小さき者の声」、「無名の人びと」への生活史的接近法を、みずからに課していたのである。

『人、ひとにあう』というのは、米山さんの学問の理念であり、方法であったのだ。

わたしの仕事に引き付けて云えば、未知なるもの、通念をくつがえすもの、土に埋もれ、殻におおわれているものを、どのようにして見出し、その眼力を自分のものとするのか。

米山先生は、「ひとにあうことです。エンカウンター（encounter）ですよ。いつでも、若手の研究者を紹介しますから」と、おおらかにいう。

はじまりは、「人間の発見」。それがなければ、何事も始まらない。このようにして、編集という仕事の出発点と、エディターシップの素（もと）を、わたしは米山先生から学ばせていただいたと思う。

本書の成立の背景を若干述べることにしよう。

行く秋

二〇〇四年九月末、米山先生から、電話を頂いた。「体調が悪いので、近く検査入院する予定」という。八月にいただいた絵葉書に、東北（栗駒・気仙沼）に行かれたり、愛娘のリサさんご夫婦らとロンドン、ウェールズやコッツウォルズを歩いてきたと書かれていたことを思い出し、「旅の疲れがでたのでしょう」とかるく受け応えた。

「どうされたんですか」。「めしが食べられなくてね」とおっしゃる。先生の声がか細い。

「ところで、新しい仕事はどうですか」。

「はじめたばかりですから、空想ばかりです」

そんなやりとりをして、「お大事になさってください」で話を終えた。

その日の深夜、気になって、奥様に、病状をお尋ねした。胃の手術をしなければならないのです、という。

一〇月七日、木津川病院に入院された米山先生を、お見舞いする。

明日八日、手術をするという。米山さんは、宇宙旅行に飛び立つのではないかと思わせるように、陽気に振る舞っていて、とてつもなく明るい声音なのだ。

かれの中の〝少年〟のいきいきした目が甦る。ほほえみを絶やさない。附き添いのご家族を励ますように、「ダイジョウブだから」「心配ない、心配ない」を、笑顔で連発する。いかにも先生らしい。「じゃあ、また、あした」「ありがとう」で、その日は失礼した。

そして翌八日、胃の全摘手術は、四時間かかって、すべてをうまく終えた。

その後の経緯は、次のような先生から戴いた数通の書信の通りとなる。


「小生の手術に立ちあって下さってありがとうございました。叙勲の祝電を持ち運ぶなど家人には大迷惑をかけましたが、やっと点滴もとれ、外出許可も出ていますが、なお慎重にかまえています。

京大の松田素二君が上京の折に相談にうかがうかもしれません。よろしくとりいそぎ近況まで。」

二〇〇四年一一月一三日　米山俊直

幸い順調に回復していて二五日退院、あと自宅療養というはこびになりそうです。いただいた胡蝶蘭の最後の二つの花を、今日片付けます。

一九日午後、松田素二君が打合せをいただいたと連絡。編集委員に福井勝義と石森秀三の両君を加えてほしいと申しておきました。

二ヵ月の入院を通して、あらためて、家内と娘の献身と、道川さんをはじめとする皆様の熱い気持が私を支えてくれたのだと感じています。

二〇〇四年一一月二一日　米山俊直

＊　＊　＊

米山俊直先生　侍史
二五日に、ご帰還との朗報。おめでとうございます。

冬志子夫人とリサちゃん（カリフォルニア大学サンディエゴ校準教授）の深い祈りが通じたのです。

先生の「温顔」は、ときに、周囲をハラハラさせることを楽しんでいるふうにも見えますが、じつのところは、まわりの方々を思い遣る、先生の「やさしさ」と「ホスピタリティ」の表現でありましょう。かのじょたち二人の、ふるえるような気持ちを懸命に抑制しながら、理性的にふるまう姿は、立派なものでした。

ご家族の安堵されている様子を想像すると、当方もうれしくなります。先生には、さらにさらにご養生に努められ、穏やかな日々をお過ごしになられますように、お祈り致します。

「著作集成」に関しましては、松田素二さんと共に、しばし熟考をかさね、もっとも現実的な方途を案出したいと願っています。

かれには、近日中にアプローチして、小生のプレゼンテーションをお示しする所存です。先生は、ご養生専一です。かれの熱意と責任感、そして「センス・オブ・プロポーション」と「判断力」は信頼に足るものです。

とりあえず、ご快癒とご帰還の日に。匆々。
二〇〇四年一一月二五日　道川文夫拝

ひとつずつ越えて

謹賀新年
本年もよろしくお願いいたします。昨年は九月ニューヨーク国連本部の「国際コメ年」のシンポ出席後、緊急入院して胃の全摘手術を受けました。

入院中、多くの皆様からお見舞いをいただき、ありがとうございました。

また、秋の叙勲で瑞宝中綬章を受章し、それに対しても多くの祝電、祝詞を賜わりました。しかし入院中のために、お礼を申し上げることもできず、失礼のまま過ごしてしまいました。あらためてお礼とともにおわびいたします。幸い、手術の予後は順調で、一一月末に退院、自宅療養に専念しています。

失礼のおわびを兼ねて、近況ご報告まで。

いろいろご高配嬉しく感謝しております。

二〇〇五年一月一日

米山俊直・冬志子

＊　＊　＊

ご無沙汰しておりました。幸い毎日大過なく過していますが、腹水がたまるらしく、残りの癌細胞のいたずらかもということで、一九日に再入院して、点滴で抗癌剤の強いのを使うということです。反応を見るための入院だそうですが、あまり愉快な話しではありません。

松田君からの連絡で、お申し越しの『日本的社会関係における基本的概念群』の抜刷りを同封します。先日松田素二君（京都大学大学院文学研究科教授）、古川彰君（関西学院大学大学院社会学研究科教授）、嘉田由紀子さん（当時、京都精華大学環境社会学科教授。現・滋賀県知事）と夕食をともにしました。皆一番油の乗り切った活動期をすごしているので、愉快でした。

いま、はしがき、あとがきと、それぞれの論文、著書についてのコメント二百字を書いています。まだ時間がかかりますが、よろしく。

『もの、もののけ、もののあわれ』はなかなかはかどりません。でも挑戦したいと思っています。四百枚になったら、おめにかけます。

とりいそぎ。

二〇〇五年一〇月一四日　米山俊直

（カッコ内注記は編集部）

＊　＊　＊

地球上でいろいろあった〇五年もあと数日になりました。いろいろ御心配をおかけしています。（中略）二二日夜にはリサも帰国、二日までいる由、一緒にいただけます。小康状態ですが、抗ガン剤をつかっていない為です。来年はよい年でありますように。とりいそぎ心からのお礼まで。御自愛下さい。

二〇〇五年一二月二一日　米山俊直

〔前文の三行を略〕

明後日は奈良女子大で「なら学」の講義をします。遺言になるかとも思っていますが、まだ三月にもイベントがあり、ひとつずつ越えてゆきます。

ご配慮、心から感謝しています。とりいそぎ。

二〇〇六年二月四日　米山俊直

じつは、わたしは、門下生の松田素二さんの呼び掛けに応じて、二月五日に行なわれた「なら学」の特別講義の聴講に出向いた。大学のある奈良市北魚屋東町は冷えこんでいた。

米山さんの奈良女子大学での「小盆地宇宙論その後―なら学との関連で」の講義は、松本博之教授（地域環境学）の司会によって、この日のため作成された「講義ノート」を見ながら、ややくぐもった音吐で続いた。文学部の松本ゼミの女子学生たちや米山さんに縁のある研究者たちが、多勢聴き入る、名講義であった。

そして、二月一〇日（金曜日）午前一一時一五分、米山先生から事務所に電話をいただいた。

「ものが食べられなくて、体調がよくないので、一四日に、入院する予定です。うちには帰れないかもしれません。あとはよろしく」と静かに、淡々とおっしゃる。

わたしは、慌てて、言葉を探しながら、「いまは寒さが、いちばん厳しいのですから、避寒ですよ。食事調整をしながら、がんばってください」と申し上げた。

＊　＊　＊

早春に

（二〇〇六年）三月一日の午後二時半ごろだったろうか。

木津川病院312号室。じつは、数日前に冬志子夫人に、先生のご容態をおたずねしたら、

「ずっと本人の希望で、面会謝絶にしてほしいといわれていて、お見舞いに来ていただくのはご遠慮していただいていたのですが、ここ数日は、気分が良さそうで、退屈がっているので、自由にしようと思います」とおっしゃる。「それなら、近いうちに、「木津川病院」をお訪ねしますね」ということで、三月一日にお見舞いに伺ったのである。

冷たい雨の降る寒い午後であった。

「やあ、しばらく」といって、握手をした。「このとおり、痩せっぽち」

「お元気そうで、よかった。顔色もいいですね。以前とお変わりになりませんよ」。

二月五日、奈良女子大学での「なら学」の講演会に伺って以来、ひと月ぶりのことである。

米山先生は、ベッドの上の美しい小箱に入っているチョコレートの細片《かけら》に手をのばしている。「これ、おいしいよ、どうぞ、どうぞ」という。「ああ、きれいですね。」とわたしは応じた。さりげないお気遣いは、いつも通りの先生の流儀。

「午後のおやつがわりですか」「いや、ものが食べられなくなってしまってね」

「それに、腰のぐあいがよくなくて、軀の中心が安定せず、ベッドのうえで、ぐるぐる空廻りして、起き上がるのが、たいへん、たいへん。もどかしいんです。」

「せんせい、そのままの楽な体勢にしていてください」

「きょうは、ベストセレクション（『米山俊直の仕事』のこと）の装幀案をお持ちしました。

カバーは、田主誠さんの版画、『風とともに』という画題です。

この本のデザイナーは、かつて先生と伊藤幹治先生共編の『柳田国男の世界』のブック・デザインを、杉浦康平さんと共にお願いした、鈴木一誌《すずきひとし》さんと、彼のスタッフの仁川範子《にかわのりこ》さんという方に装本をしてもらっています。精妙なデザインです。

「こんな厚い本になるのですか、すごい、すごいなあ、五センチ位の厚さかなあ」

そして、ベッドの足元の箱の上に、ごじぶんでデザイン案を立て掛けて、しばし見入る。

「ああ、いいなあ、さわやかで」。そう言い終えると、軀を少し傾《かし》げながら、

「ソファの上に、紙袋が置いてあるでしょう。そう、それです。

その中に、抜き刷りと新聞の記事があります。見ておいてください」

「はい、読ませていただきます」

そして、唐突に、しかし静かな声で、「「遺稿集」も頼みますね。」と、こともなげに、おっしゃるのだ。(この時の少し寂しい、しかし毅然とした微笑を忘れることが出来ぬ。)

「えっ、何をおっしゃるのですか。ほどなく、リサちゃんが帰って来るのでしょう。家族みなさんで、お花見をするとおっしゃっていたではないですか」「なにを、そんなこと、ダメですよ」

「せんせいの生命力をもってすれば、のりこえられますよ。ペルーでの高山病もねじふせたのですから」

「ええ、明日から、おもゆをたべることになっているんです。」

フォーエバー

「遺稿集」という言葉に、わたしの顔は、ひきつった。なぜなら、あまりにも、さらりと、いつもの温和な面差《おもざ》しで、ごく自然な調子でおっしゃるので、

「そんな冗談はよくないですよ。『米山セレクション』は編集途上ですから、これからやっていただくことが山ほどありますからね。〝レイジィ・キャトル（lazy cattle)〟になって、牛のように微睡《まどろ》んでいるうちに、花の季節になるのですから、きっとよくなりますよ。」

新横浜駅で求めた「ヨコハマ・キャラメル」を、そっと口に押しこんでさしあげたら、「これ、おいしい」と静かな間合いがあった。

「つぎの講演会は、いつですか」「三月二〇日頃だったかなあ」

「それなら、「おもゆ」のつぎには「おかゆ」になるでしょうから、ともかく頑張って、めしあがることですよ。」

こんな会話《やりとり》を三〇分ほどしているうちに、ドアのノック音があり、先生の弟さんのイタリア文学者の米山喜晟さんがおいでになった。挨拶をかわして、わたしは入れ替わりに病室を辞することにした。

——「精選集*の跋文（あとがき）を考えておいてください。またお伺いしますから」。

「退屈しのぎに、司馬さんの『以下、無用のことながら』を読んだら、おもしろかった。

司馬さんの語り口はいいですね。」と帰り際におっしゃっていた。その声の響きが、いまでも、耳に残っている。米山先生は、おなじ奈良生まれの司馬遼太郎さんの歴史文明論『街道をゆく』『故郷忘じ難く候』『アメリカ素描』や『集団について』などを愛読されていた。

＊〔米山俊直ベストセレクション編集委員〕赤阪賢（京都府立大学教授）／石森秀三（北海道大学観光学高等研究センター長）／鵜飼正樹（京都文教大学人間学部助教授）／奥野卓司（関西学院大学大学院社会学研究科教授）／梶茂樹（京都大学大学院アジア・アフリカ地域研究研究科教授）／嘉田由紀子（京都精華大学環境社会学科教授・なお、同氏は二〇〇六年七月一九日付で同大学を辞職。現在は滋賀県知事）／栗本英世（大阪大学大学院人間科学研究科教授）／末原達郎（京都大学大学院農学研究科教授）／福井勝義（京都大学大学院人間・環境学研究科教授）／古川彰（関西学院大学社会学研究科教授）／松田素二（京都大学大学院文学研究科教授）／村瀬智（大手前大学人文科学部教授）／森田三郎（甲南大学教授）／吉田憲司（国立民族学博物館教授）

文明と文化のフィールド・ワーカーとして、同時代の犀利な洞察者として、そして野を愛する知的な高等遊民でありつづけた米山先生についての記憶は、あれもこれもが、忘れ難い。いまは、その時の中を、後ろ向きにしか進めないのが、このうえなく無念である。記憶という、過去が、未来へつながるのなら、先生との談論風発の続きは、きょうも、明日も、いつまでも、つづくことになる。記憶は死ではなく、むしろ生であるのだから。

駆け出しの編集者時代以来、四十有余年にわたって、惜しみなく知的支援をしてくださった、米山先生のあの慈愛に満ちた眼の中の微笑を思い出しながら。

二〇〇七年二月

［あとがき］

本書は、故米山俊直先生が、大手前大学学長をなさっていた一九九九年頃から起筆され、二〇〇〇年三月頃に、ついで二〇〇一年の秋頃に若干補筆のある、第一次稿（未成稿）として纏められたものです。大学の最高責任者として、多忙を極めていたころに執筆されたので、推敲が思うにまかせず、いつの日か、完全稿にしたいと願っておられたものでもあります。

古希を迎えた米山先生の「日本文化と日本文明」研究の枠組みを示すたいへん貴重な原稿であり、亡くなる一カ月前の「最終講義」となった「なら学」ノートとをあわせて、遺稿集として上梓させていただく次第です。

文化人類学と文明学を架橋しようとする米山先生の最後の知的格闘を編集・出版するにあたり、一九六〇年代から米山先生の同伴者であり、『過疎社会』や『同時代の人類学』など数多くの成果を送り出してきた人文書館の道川文夫さん（元NHK出版編集局長）にたいへんお世話になりました。道川さんは若い頃から最晩年にいたるまで、米山先生のもっともよき理解者として先生の仕事の黒子役に徹してこられました。その道川さんには、本書の末尾に「想い出の記」を書いていただきました。「黒子であるべき編集者としての職分を逸脱する」として最後まで固辞されていましたが、「一生に一度だけ黒衣を脱ごう」懇願し、無理矢理に掲載させていただきました。

心から御礼申し上げます。

最後になりましたが、米山俊直先生のご著書を、このような形で送り出すにあたって、ご支援ご協力を賜わった米山冬志子様、米山リサ様に、心から感謝いたします。

二〇〇七年二月八日

末原達郎《すえはらたつろう》
松田素二《まつだもとじ》

米山俊直……よねやま・としなお

主な著書『北上の文化—新・遠野物語』（共著）
『集団の生態』『日本のむらの百年』『偏見の構造』（共著）
『文化人類学の考え方』『過疎社会』
『アメリカ人を考える』『月の山のかなた』（翻訳）
『文化の型』（翻訳）『祇園祭—都市人類学ことはじめ』
『日本人の仲間意識』『生活学ことはじめ』（共著）
『柳田国男の世界』（共編）『ザイール・ノート』
『天神祭—大阪の祭礼』『同時代の人類学』
『新・アフリカ学』『アフリカ学への招待』
『ドキュメント祇園祭』（編著）『都市と祭りの人類学』
『小盆地宇宙と日本文化』『アフリカ農耕民の世界観』
『日本人ことはじめ物語』『いま、なぜ文化を問うのか』
『クニオとクマグス』『私の比較文明論』
『米山俊直の仕事—人、ひとにあう。』（人文書館）など。

写　真　水野克比古

フォト・アーティストの水野さんは、早朝の撮影後に、仁和寺二王門前で、散策中の米山俊直先生と時折出会うことがあり、立ち話をされたといいます。そのような「縁」があり、カバーの写真に使用させていただきました。

ご協力に対し、あらためて御礼を申し上げます。

イラストレーション　安芸早穂子

編　集　道川龍太郎
協　力　米 山 家
松居和子
青 研 舎

総本山　仁和寺

米山俊直

……よねやま としなお……

1930.9.29. 奈良県に生れる／1954. 三重大学農学部農学科卒業／
1956. 京都大学大学院農学研究科修士課程修了／
1956. 米国イリノイ大学社会人類学部 大学院研究助手／
1961. 京都大学大学院農学研究科博士課程単位修得退学／
1961. 京都大学農学部助手／1965. 甲南大学文学部助教授／
1971. 京都大学教養部助教授／1981. 京都大学教養部教授／
1986. 日本生活学会 今和次郎賞／1988. 農学博士（京都大学）／
1993. 京都新聞文化賞／1994. 京都大学名誉教授／1994. 放送大学教授／
1997. 大手前女子大学学長／1999. 紫綬褒章／2000. 大手前大学学長／
2002. 国際京都学協会理事長／2004. 瑞宝中綬賞／2006.3.9. 死去

「日本」とはなにか
文明の時間と文化の時間

発行 二〇〇七年四月一〇日
初版第一刷発行

著者 米山俊直
発行者 道川文夫
発行所 人文書館
〒一五一―〇〇六四
東京都渋谷区上原一丁目四七番五号
電話 〇三―五四五三―二〇〇一（編集）
〇三―五四五三―二〇一一（営業）
電送 〇三―五四五三―二〇〇四
http://www.zinbun-shokan.co.jp
ブックデザイン 鈴木一誌＋仁川範子
印刷・製本 信毎書籍印刷株式会社

乱丁・落丁本は、ご面倒ですが小社読者係宛にお送り下さい。
送料は小社負担にてお取替えいたします。

ISBN 978-4-903174-11-2
Printed in Japan

＊遠野への「みち」、栗駒への「みち」

米山俊直の仕事　人、ひとにあう。―むらの未来と世界の未来

「野の空間」を愛し続け、農民社会の「生存」と「実存」の生活史的アプローチを試みた
米山むら研究の集大成。文化人類学のフロンティアによる卓抜な日本及び日本人論！

A5判上製一〇三二頁　定価一二六〇〇円

米山俊直 著

＊地理学を出発点とする「岩田人文学」の根源

森林・草原・砂漠―森羅万象とともに

第十六回南方熊楠賞受賞記念出版

A5判三二〇頁　定価三三六〇円

岩田慶治 著

＊独創的思想家による存在論の哲学

木が人になり、人が木になる。―アニミズムと今日

第十六回南方熊楠賞受賞

A5変形判二六四頁　定価二三一〇円

岩田慶治 著

＊風土・記憶・人間

文明としてのツーリズム―歩く・見る・聞く、そして考える

A5変形判三〇四頁　定価二一〇〇円

神崎宣武 編著

＊絵画と思想。近代西欧精神史の探究

ピサロ／砂の記憶―印象派の内なる闇

第十六回吉田秀和賞受賞

A5判上製五二〇頁　定価八八二〇円

有木宏二 著

＊地球の未来と都市・農村

米山俊直の仕事　ローカルとグローバル

「社会と文化のグローバル化」や自民族中心主義の波のなかで、個別文化を追求しながら、
地球文明と地域文化の行方を考える。

A5判上製九六〇頁　予定価一二六〇〇円

〔続刊予定〕

米山俊直 著

＊二十一世紀の日本のありようを問い直す。

近代日本の歩んだ道――「大国主義」から「小国主義」へ

A5変形判二六四頁　定価一八九〇円

田中　彰　著

＊「戦後」の原点とは何だったのか。

昭和天皇と田島道治と吉田茂――初代宮内庁長官の「日記」と「文書」から

四六判上製二六四頁　定価二六二五円

加藤恭子　著

明治維新、昭和初年、そして、いま。近代日本の歴史的連続性を考える。

国家と個人――島崎藤村『夜明け前』と現代

四六判上製二二四頁　定価二六二五円

相馬正一　著

生誕百年の時を超え、いま蘇る安吾の「人と文学」

坂口安吾　戦後を駆け抜けた男

四六判上製四五六頁　定価四〇九五円

相馬正一　著

＊「思想の生活者」のドラマトゥルギー

風狂のひと　辻潤――尺八と宇宙の音とダダの海

A5変形判三九二頁　定価三九九〇円

高野　澄　著

生きることを学ぶ、新たに。／生きること愛すること。

愛と無　自叙伝の試み

A5判上製四二四頁　定価四四一〇円

ピーター・ミルワード　著

安西徹雄　訳

定価は消費税込です。（二〇〇七年三月現在）